会計学
ハンドブック

村田直樹 ［編著］

創 成 社

はしがき

　本書は，会計学の習得を目的として，学習する初学者を対象としたハンドブックです。現代会計理論を構成する主要な諸概念を網羅し，それぞれの項目に説明を付した上で，関連する諸概念を検索することによって，これらを相対化して理解を深めるよう工夫されています。したがって読者はそれぞれの項目を確認して，関連事項を確認することが，会計の基本的な論理を習得するための本書の意義に即した方法といえます。また，本書のもう一つの特徴は，財務会計と管理会計の関係を重視し，関連事項を通じて，両者の関係を構造的に理解できるように意図している点です。財務会計と管理会計は相互に独立し，補完と対立を繰返しながら発展してきています。そこで，財務会計の理解を深めるために，関連する管理会計項目を紐付けし，管理会計の理解を深めるために，関連する財務会計項目を関連づけています。

　本書を刊行するにあたり，執筆を依頼した中堅および若手研究者と編著者による研究会を重ね，各研究者の会計観を集約して，できるだけ基本的な会計理論とそれを構成する会計諸概念に対しての共通認識を確認した上で，それぞれの項目の執筆をお願いしています。

本書は，以上のような意図と構成で，執筆されたものでありますが，浅学非才の著者および編著者にとって，思いもよらぬ誤謬や独善があるかもしれません。それらはすべて著者および編著者の責任によるものです。しかしながら，本書によって会計学の基本を深く理解して，さらに，個別の会計問題をより詳細に学習することが会計の効果的な学習方法であると確信しています。

　本書の企画をいただいてから刊行に至るまで，編著者の体調不良もあり，予定より数年を費やすことになりました。この間，絶え間ない支援とご厚情をいただいた株式会社創成社社長塚田尚寛氏ならびに同社出版部西田徹氏に深く感謝する次第です。

2020年11月

於：神田猿楽町

編著者

目　次

財務会計

管理会計

索 引

財務会計

I 基礎理論

会計責任 (accountability)

　　企業の株主と経営者は，企業運営の資金に関して委託・受託関係にあり，株主から提供された資金に対して，経営者は資金の管理と運用を委託された受託者です。したがって提供された資金を適切に保全し，管理し，運用する責任があります。さらに経営者は株主に対して，資金の管理・運用の経過を会計を通じて報告しなければなりません。このような包括的な責任を会計責任といい，会計報告が委託者によって承認されることによって，その責任が解除されるものと考えられます。

重要ポイント

　　会計責任をアカウンタビリティと表現する場合，現代では説明責任を意味することになります。説明責任とは，結果責任だけでなく，利害関係者から求められた情報を充分に開示して，その結果に至った理由を説明することです。会計上の概念であるアカウンタビリティは，現代ではその意味を広げ，個人や組織が自己の方針やその経過を利害関係者に説明することを意味しています。

関連項目➡　貸借対照表（p.10），損益計算書（p.11），会計報告（p.2）

会計報告 (business reporting)

　　会計は，企業の経済や経営に関する意思決定を行うために，有用性をもつ財産の増減に関する情報の提供を意図しています。情報の提供は，基本的に企業の会計を通じて作成される財務諸表によって報告されます。主要な財務諸表は簿記によって作成される貸借対照表と損益計算書で，このほかにキャッシュ・フロー計算書や株主資本等変動計算書があります。

　　このような会計報告の，外部会計情報利用者にとっての目的は，自身の将来の現金収入を予想するための基礎となる当該企業

の予想現金収入額や，時期および不確実性を査定するために役立つことが要請されています。このような予測が可能となるために，発生主義会計に基づく慣行的な過去の会計情報が一定の有用性をもつと解されています。

重要ポイント

会計報告をビジネスレポーティングあるいは企業報告の一部と考えた場合，現代の会計では，統合報告に焦点が当てられています。統合報告は，世界的な規模で事業展開を行う企業において，総合的な価値創造の過程を示すことによって，競争優位性を目的とした経営者の企業行動をトレースできます。そこで，統合報告では，財務情報だけでなく非財務情報を統合する新たなレポーティングの枠組みが提案されています。

関連項目➡ 会計責任（p.2），意思決定有用性（p.13），貸借対照表（p.10），損益計算書（p.11），発生主義会計（p.6），キャッシュ・フロー計算書（p.12）

会計公準（accounting postulates）

会計や会計基準が依拠している基礎的な仮定のことです。一般に，会計主体の公準，継続企業の公準，貨幣評価の公準があります。会計主体の公準は，企業が会計を行う単位として，企業所有者の人格から独立した存在であることを仮定するものです。継続企業の公準は，企業は永続的に事業を行い，その業績を期間を区切って報告するという仮定です。貨幣評価の公準は，会計目的を達成するための諸勘定や諸表は安定した貨幣尺度あるいは貨幣単位に基づくものであるという仮定です。

重要ポイント

社会的合意の下に形成される会計基準が，歴史的産物であるように，その基礎にある会計公準も時代の変遷によって意味が変化してきました。会計公準の存在の基礎は，実践可能で，有用性をもつこ

とであるので，社会経済的環境の変化によって会計公準も変化するということです。このように会計行為を行うための合意された基本的な約束事，あるいは仮定である公準を下部構造として，会計原則や会計基準のもつ会計の構造を理解しようとする傾向は，アメリカ会計学の一つの特徴です。

関連項目➡ 会計責任（p.2），会計報告（p.2）

決算整理（closing adjustments）

　簿記的な手続としては，決算予備手続によって作成された棚卸表に掲記される決算整理事項に基づいて，期間損益が取引事実と整合性をもつように帳簿記録を修正することです。期中に行われる取引は，広い意味での収支の運動に基づいて記録されるので，期間収益と期間費用の金額と実態を正確に表示しているわけではありません。収益や費用が過大に表示されている場合は，収益と費用の一部もしくは全部を次期以降に繰り延べなければなりません。また，収益や費用が過小に表示されている場合は，収益と費用が当期に帰属すべきものとして見越さなければなりません。つまり，期間収益と期間費用の正確性を高めて，正しい期間損益計算が実現するように修正する簿記手続です。実務では，決算整理から財務諸表を作成する間に，企業は減価償却や貸倒引当金の設定等によって，企業の経営政策を反映させることになります。

重要ポイント

　決算予備手続は，以下の手順で行います。
①試算表の作成と試算表と補助簿の照合をします。
②決算整理事項の選定と実地棚卸による棚卸表の作成を行います。
③精算表の作成を行います。
　決算本手続は，以下の手順で行います。
①決算整理事項に基づく帳簿記録の修正記入をします。
②収益勘定と費用勘定の集合損益勘定への振替を行います。
③当期損益（集合損益勘定の貸借差額）を資本勘定に振り替え

ます。

④大陸式の決算方法では，資産勘定，負債勘定，資本勘定を決算残高勘定に振り替えます。英米式の決算方法では，資産勘定，負債勘定，資本勘定の繰越を行います。

⑤すべての勘定を締め切ります。

以下の手続で財務諸表が作成されます。

①大陸式の決算方法では，損益計算書は集合損益勘定に基づいて，貸借対照表は，決算残高勘定に基づいて作成されます。

②英米式の決算方法では，損益計算書は集合損益勘定に基づいて，貸借対照表は，資産勘定，負債勘定，資本勘定の次期繰越額が集計された繰越試算表に基づいて作成されます。

関連項目➡ 損益計算書（p.11），貸借対照表（p.10），会計報告（p.2）

現金主義会計（cash basis accounting）

　現金主義とは，会計上の認識基準で，費用および収益の計上の時点を，現金の収支の時点で決定する処理方法です。この現金主義を基本とする会計を現金主義会計といいます。現金主義会計では，収入と支出によって損益が計算されるため，客観的で確実性のある損益計算が可能です。しかし，信用取引が発生し，固定資本の相対的かつ絶対的に発達した期間損益計算を軸とする今日の会計では，現金主義会計での損益計算は難しく，発生主義が採用されています。

重要ポイント

　収益および費用の認識基準としての，現金主義と発生主義の関係は，現金主義の欠陥を理論的に補完したものが発生主義ではありません。両者は企業が置かれた経済環境や生産構造の違いから，その外部条件に適合する方法がとられたにすぎません。たとえば，料金収入という現金が売上の中心で，掛売りのほとんど無かった鉄道会社では，その生成時点から長い間，現金主義が採用されていまし

た。また，最近の研究では，簿記の発生時点から現金主義と発生主義が同時に併存していたことが報告されています。

関連項目➡ 損益計算書（p.11），売上原価（p.52），工事進行基準（p.61）

発生主義会計（accrual basis accounting）

　期間損益計算を行う場合，現金の収支に関係なく，取引の発生事実に基づいて費用および収益を認識し，計上することを発生主義といいます。この発生主義を採用した会計システムを発生主義会計といいます。ただし，収益については，実現主義による計上が認められているのが一般的です。これは，現代会計では，発生主義を広義に解釈するということです。企業会計では，費用は発生主義で，収益は実現主義で認識します。これは，期間帰属を重視する損益計算を行うことによって，より正確な期間損益計算が可能となると考えられるからです。

重要ポイント

　収益の認識は，実現主義が一般的ですが，取引内容や生産構造によって，発生主義を採用することが認められています。たとえば，長期請負工事では，収益の総額が確定している場合には，工事の進捗度に応じて，工事の総収益を配分して認識することができます。これを工事進行基準といいます。工事進行基準は認識された収益の確実性から実現主義の収益認識と同質なものと考えられます。

関連項目➡ 現金主義会計（p.5），工事進行基準（p.61），売上高（p.52），費用・収益対応の原則（p.53）

取得原価（acquisition cost）

　　資産などを取得し，取得した資産を企業活動に利用可能な状態にするために要した支出の総額です。取得原価は資産を獲得する取引の状況に応じて，算定します。現金，預金，売掛金，受取手形などの貨幣性資産を除いた購入資産については，購入額を基礎としてこれに付随費用（関税，保険，引取運賃，据付費など）を加算し，値引額などを引いて算定します。製品の場合は，適正な原価計算によって算定し，交換，贈与，現物出資などによって取得した資産は，適正な時価や相手方の帳簿価額に基づいて算定します。

重要ポイント

　　製造もしくは製作によって資産を取得した場合，その取得原価は原価計算上の原価となります。ここでの原価計算は実際原価計算が用いられ，算定された実際製造原価すなわち実際原価が取得原価となります。原価計算では実際原価に予定原価を組み入れることが一般的です。予定原価とは，次期以降の一定の期間に予想される取得原価で，これを取得原価に代用させるものです。実際原価と予定原価の差額を原価差額といい，原則として当該年度の売上原価に賦課し，実際原価を修正することが認められています。

関連項目➡ 貨幣性資産（p.25），**棚卸資産**（p.23），**時価**（p.8），
　　　　　　売上原価（p.52），**実際原価計算**（p.133）

時価 (current cost)

取得原価額を直接に確定することが困難な資産について，時価を用いることが容認されています。たとえば，売買目的有価証券と市場価格のあるその他有価証券は，時価で評価します。この時の評価損益は，損益計算書に計上されることになります。さらに，先物取引，オプション取引，スワップ取引等のデリバティブ取引も時価で評価します。これらに関わる評価差額は，原則として当期の損益として会計処理されます。

重要ポイント

一般的な時価の種類としては，売却時価や取替時価などがあります。さらに，市場価額を認識できない資産については，割引現在価値や資産の使用価値が測定されます。

関連項目➡ **取得原価（p.7），減価償却（p.28），割引現在価値（p.29），スワップ取引（p.38），デリバティブ（p.39），公正価値（p.16）**

収益・費用アプローチ (revenue and expense view)

収益・費用アプローチは，会計における利益観で，会計期間中の収益と費用の差額をもって利益とする考え方です。収益・費用アプローチでは，利益測定のプロセスにおいて，収益と費用の測定と，企業の努力としての費用と，その成果としての収益を結びつけるために，認識時点の決定に対応概念を用いることになります。

重要ポイント

収益・費用アプローチでは，将来の経営計画に必要な業績予測の基礎である経常的な利益を表示する損益計算書が重視されます。企業の収入と支出のうち損益計算書に含まれなかった項目は，換金価値のない繰延資産とともに，貸借対照表に計上されることになります。したがって，貸借対照表は期間損益計算を可能にするための連結環となります。

関連項目➡ 貸借対照表（p.10），損益計算書（p.11），資産・負債アプローチ（p.9），繰延資産（p.20）

資産・負債アプローチ（asset and liability view）

　資産・負債アプローチは，会計における利益観で，換金可能資産と負債の差額である資本取引を除いた純資産の会計期間における増減をもって利益とする考え方です。この利益を包括利益といいます。資産・負債アプローチの下での貸借対照表は，企業の経済的資源とその経済的資源の支払義務としての負債とを対比して純資産を算定することが重視されます。

重要ポイント

　収益・費用アプローチと資産・負債アプローチの会計処理上の相違点は以下のようなものです。収益・費用アプローチでは，繰延資産，繰延収益，引当金などを貸借対照表項目として認めています。これに対して資産・負債アプローチでは，企業の経済的資源としての資産とその引き渡し義務としての負債のみが貸借対照表項目として認められ，繰延資産，繰延利益は計上されません。つぎに，収益・費用アプローチにおける利益は，純利益ですが，資産・負債アプローチの利益は，包括利益です。

関連項目➡ 当期純利益（p.57），包括利益（p.58），繰延資産（p.20），貸借対照表（p.10），収益・費用アプローチ（p.8）

保守主義 (conservatism)

　　資本主義経済下の企業は，自己の損失についてその責任を取る必要があります。そこで，企業は各期の利益額を過少に計上するという会計処理によって，将来の不確実性を緩和し，企業の存続を確保することが重要となります。たとえば，収益の認識基準に実現主義を採用し，費用については発生主義を採用するといった会計処理は，保守主義の考え方と一致し，将来の費用・損失に対して当期に引当金を計上する会計処理も同様に保守主義を根拠としています。

重要ポイント

　　19世紀イギリスにおける企業の会計制度を特徴づける重要な要素として，保守主義があります。現代会計においても会計の重要な考え方である保守主義は，19世紀の一般企業において，棚卸資産の評価に低価基準が採用された点を指摘する研究者も数多くいます。低価基準の背景として，企業が債権者および長期的投資家の意向を反映させたこと，物価の長期的な低落傾向があったことが挙げられます。

関連項目➡　棚卸資産（p.23），引当金（p.33），発生主義会計（p.6）

貸借対照表 (balance sheet)

　　貸借対照表は，一定時点における企業に投資され運用されている資産と，その源泉と持分である負債および資本とを対比して表示する財務諸表です。資産・負債アプローチに基づく貸借対照表は，資産と負債およびそれらの差額である純資産を表示し，その会計期間における増減をもって利益とすることで，財政状態を表示するとされています。収益・費用アプローチに基づく貸借対照表は企業資本の運用形態とその源泉について，当期まで損益にならず，次期以降の経営活動に貢献する資産を表示するものと解されます。

重要ポイント

　資産・負債アプローチによる貸借対照表では，企業におけるサービスポテンシャルとしての資産と資産を引き渡す義務としての負債を対比することによって純資産を算定します。純資産の期中変動のうち，資本取引を控除したものを包括利益といいます。これに対して，収益・費用アプローチでの貸借対照表は，企業の収支のうち，損益計算書に掲記されなかった部分が貸借対照表に掲記され，貸借対照表は期間損益計算を可能にするための連結環として機能することになります。したがって貸借対照表は各勘定の残高一覧表としての性格が付与されていることになります。

関連項目➡　収益・費用アプローチ（p.8），資産・負債アプローチ（p.9），損益計算書（p.11）

損益計算書 （profit and loss statement）

　損益計算書は，一定期間の経営成績を収益の項目と費用の項目とを対比しながら，利益を計算して表示する財務諸表です。損益計算書は，当期に獲得する資本の増加理由の項目である収益とその減少理由の項目である費用を対比して，資本取引を除く純財産の増減を計算し，その差額としての当期損益を計算し表示するものです。

重要ポイント

　損益計算は営業損益計算，経常損益計算，純損益計算に分割され，段階的に当期純利益を計算します。それぞれの計算区分は，相互独立したものではなく，前の計算区分で計算された損益を次の計算区分が継承して，最終的な当期純利益が計算されます。損益計算書で計算される利益には2つの性格があります。一つは，企業の経済活動の効率性を示す尺度としての利益です。それは利益が当該会計期間の企業の経済活動の成果を表すものだからです。もう一つは，計算された利益が企業の所有者である株主に帰属し，株主に分配されるものであるということです。損益計算書によって当期利益が確定すると，これを配当等として処分することになります。

関連項目➡　売上高（p.52），売上原価（p.52），営業利益（p.55），
　　　　　　　経常利益（p.56），当期純利益（p.57），包括利益
　　　　　　　（p.58），収益・費用アプローチ（p.8）

キャッシュ・フロー計算書（cash flow statement）

キャッシュ・フロー計算書は，計算対象となる資金の範囲を現金および現金同等物と規定し，一会計期間における資金の流れを活動区分ごとに表示する計算書です。キャッシュ・フロー計算書では，3つの活動区分に分けて表示します。それは，「営業活動によるキャッシュ・フロー」，「投資活動によるキャッシュ・フロー」，「財務活動によるキャッシュ・フロー」です。営業活動によるキャッシュ・フローでは，本来の営業活動からの資金の流れが表示され，投資活動によるキャッシュ・フローでは，固定資産の売却あるいは取得などの投資活動からのキャッシュ・フローが掲記され，財務活動によるキャッシュ・フローでは，資金の調達と返済などの財務活動からのキャッシュ・フローが掲載されます。

重要ポイント

キャッシュ・フロー計算書の作成にあたって，特に営業活動からのキャッシュ・フローについては，直接法と間接法の2つの表示方法があります。直接法は，取引ごとにキャッシュ・フローを総額表示するもので，間接法は，税引き前当期純利益に減価償却費などの非資金損益項目を加減して表示する方法です。キャッシュ・フロー計算書と他の財務諸表との関係は，以下のようになっています。損益計算書は収益と費用を取り扱うのに対して，キャッシュ・フロー計算書はキャッシュの増減をもたらす具体的なキャッシュ・フローの収支を扱っています。また，貸借対照表は期末残高を表示するもので，その増減の具体的内容はキャッシュ・フロー計算書に表示されます。

関連項目➡　減価償却（p.28），損益計算書（p.11），貸借対照表
　　　　　　　（p.10），インカム・アプローチ（p.14）

利害調整機能 (interest adjustment function)

現代の企業は，株主，債権者，従業員，取引先，顧客，地域住民，課税当局などの利害関係者との経済的関係の中で成り立っています。これら利害関係者間では潜在的なコンフリクトが存在します。財務会計は，このようなコンフリクトを防止あるいは解消する機能があります。またもう一つの重要な機能は情報の提供機能であるとされています。

重要ポイント

現代の株式会社は株式の分散が進み，多数の株主が存在します。これらの株主の利害は多様で，特に機能資本家と無機能資本家の分離は，19世紀から具現化しています。これら株主間の利害調整が，企業会計にとって最も重要な点です。取引の会計的処理方法の選択や柔軟な利益計算方法の採用によって，これら株主間の利害調整が行われます。

関連項目➡ 減価償却 (p.28)，当期純利益 (p.57)，包括利益 (p.58)

意思決定有用性 (decision usefulness)

意思決定有用性とは，財務報告の目的の一つであり，現在の投資家や将来の投資家等が企業に資金を提供するかどうか意思決定を行う際に有用な財務情報を提供することです。

重要ポイント

日本の概念フレームワークにおいて，財務報告の目的は，投資家が将来キャッシュ・フローを予測するのに役立つ企業成果等を開示することであるとしています。この目的を果たすために，会計情報に求められる最も基本的な性格は，意思決定有用性です。そして，概念フレームワークでは，意思決定有用性の特性を「意思決定との関連性」と「信頼性」の2つとしています。

意思決定との関連性とは，会計情報が将来予測に関連する内容を

含み，投資家による意思決定に貢献することです。信頼性とは，会計情報が信頼するに足るものであることを意味します。これら２つの特性は，さらにいくつかの下位概念によって支えられています。意思決定との関連性であれば，その下位概念として，情報価値の存在と情報ニーズの充足があげられます。信頼性であれば，その下位概念として，表現の忠実性，検証可能性と中立性があげられます。

関連項目➡ 会計報告（p.2），公正価値（p.16），時価（p.8）

インカム・アプローチ（income approach）

　　インカム・アプローチは，収益価値を基準として，企業価値を評価する方法です。将来獲得される利益やキャッシュ・フロー，配当などを現在価値に還元して企業価値を評価するものです。この方法は，基本的に企業のもつ収益の獲得能力を企業価値に反映させるため，企業の独自性を評価の中に入れることが可能であるとされています。

重要ポイント

　　インカム・アプローチは，企業買収時の企業評価としては一般的ですが，割引現在価値が利用されるため，予測計算が介入することになり，その恣意性を排除するのが難しいとされています。

関連項目➡ キャッシュ・フロー計算書（p.12），割引現在価値（p.29）

Ⅱ 資　産

現金（cash）・預金（deposit）

　　現金は，紙幣や硬貨と，通貨代用証券です。通貨代用証券には，他人振出の小切手，期限が到来している公社債の利札や郵便為替証書などが含まれています。

　　預金とは，銀行などの金融機関に現金を預けることであり，その種類には普通預金，当座預金，定期預金などがあります。普通預金は，個人でも広く利用されており，現金の預入れや引出しが自由にできます。当座預金は，無利息であり，預金を引出す際に小切手を使うものです。定期預金は，預けてから一定期間にわたって引出すことができないものの，通常，普通預金よりも高い利率となっています。

重要ポイント

　　たとえば，ある企業が土地2,000,000円を売却し，代金として2,000,000円の小切手を受取った場合，次のような仕訳になります。

　　(借)現　　　　金　2,000,000　　(貸)土　　　　地　2,000,000

　　他人振出の小切手は通貨代用証券であるため，現金の増加として処理する必要があります。したがって，仕訳としては，現金勘定が借方にきます。

　　預金の中でも定期預金は一定期間自由に使うことができません。そのため，預金のうち，決算日の翌日から１年以内に満期日が到来するものを流動資産として扱い，そうでないものを固定資産として分類します。これは，１年基準（ワン・イヤー・ルール）の適用です。固定資産として分類される預金は，貸借対照表の投資その他の資産の項目に計上されます。

関連項目➡　貨幣性資産（p.25），流動資産（p.26），固定資産（p.27），貸借対照表（p.10）

公正価値 (fair value)

公正価値とは，資産・負債の測定方法の一つであり，資産であれば測定日において市場参加者間で秩序ある取引が行われた場合に，その資産を売却することで受け取れると考えられる価格であり，負債であればその負債を移転するのに支払うであろう価格のことです。つまり，公正価値は市場価格をベースに決められることになり，時価と同じように考えられることもあります。

さらに，公正価値は出口価格であるとされています。公正価値は，資産の売却時・負債の移転時の価格であるため，企業から資産・負債が出ていくときの価格となります。そのため，公正価値は出口価格を表しているとされています。この出口価格の対概念が入口価格です。入口価格は，資産の購入または負債の引受時の価格のことです。

重要ポイント

実際に公正価値を算定する場合には，状況に応じて評価技法を併用または選択して用いることになっています。その際の評価技法に用いられる入力数値は，観察可能な数値を最大限に利用しなければなりません。そして，この入力数値は観察可能なレベルに応じて3つに分類されています。

レベル1	測定日において企業が入手できる活発な市場での同一資産または負債の公表価格
レベル2	レベル1以外の入力数値であり，直接または間接的に観察可能な入力数値
レベル3	市場データが観察不可能であるが，市場参加者の価格設定に用いる仮定を反映したもの

関連項目➡ 時価 (p.8)，資産・負債アプローチ (p.9)，割引現在価値 (p.29)

減損会計（impairment accounting）

減損会計とは，固定資産の帳簿価額のうち回収の見込めない部分を損失として計上し，帳簿価額を回収可能な金額まで引下げる会計処理のことです。

重要ポイント

企業は，生産設備等の固定資産を購入する際に，そこから回収できる金額を予想します。したがって，どのくらいの利益を企業にもたらすのか，どのくらいの現金が手元に入ってくるのかを企業は予想しています。しかし，固定資産は長期に使うものであり，経済状況の変化や新しい技術の開発等で，想定していた回収額に到達が難しい場合が出てきます。この場合，固定資産から獲得できる利益が当初の想定より減ってしまい，固定資産の価値そのものが下落したと考えます。そこで，帳簿上の固定資産の価値を回収可能価額まで引下げることになります。ここでの回収可能価額とは，固定資産を売却する場合と継続的に使用する場合の2つのうち高い金額のことをいいます。帳簿価格と回収可能額の差額である減損損失は特別損失として処理します。

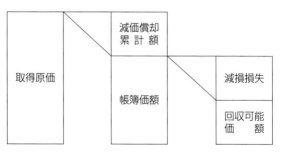

関連項目➡ 固定資産（p.27），減価償却（p.28），取得原価（p.7）

資本的支出とは固定資産の取得原価に算入にさせる支出であり，収益的支出とは固定資産の取得原価に算入せず，支出年度の費用として処理する支出のことです。

重要ポイント

固定資産を購入し，使い始めてから，その資産の修理や補修を行うことがあります。その際の支出を資本的支出として，当該固定資産の取得原価に含めるのか，または収益的支出として，修繕費として処理するのかの2つのパターンが考えられます。どちらの処理を適用するのかによって，利益額が変わってくることから，2つのうちどちらの処理を行うのかを区別する必要があります。

資本的支出として考える場合は，その支出が当該固定資産の耐用年数を延長させる場合や，改良により当該固定資産の能力を高める場合などです。たとえば，既存の一階建ての建物を二階建てに増築したとすると，建物の部屋数が増え，固定資産が改良されたと考えられます。そのため，増築にかかった金額は建物の取得原価に含めることになります。また，資本的支出は固定資産の取得原価に含まれるので，その後に減価償却費として費用化されます。

一方で，固定資産に関する支出を収益的支出とする場合は，単純に当該固定資産の維持を目的としたときです。たとえば，機械を修理し，元の状態に戻った場合に，修理代金は収益的支出として，修繕費勘定で処理されます。機械をただ修理しただけでは，機械の能力が上がるわけではなく，元の能力を維持しているだけであり，機械の改良とは考えません。そのため，収益的支出として処理します。

ただし，資本的支出と収益的支出は，実務上区別するのが難しいとされています。

関連項目➡　固定資産（p.27），減価償却（p.28），取得原価（p.7）

有価証券 (securities)

　　会計上の有価証券とは，株式と社債や国債などの債券のことです。さらに，有価証券の保有目的に応じて，有価証券は売買目的有価証券，満期保有目的の債券，子会社株式・関連会社株式，その他有価証券に分類されます。

　　売買目的有価証券とは，時価の変動により利益を獲得することを目的としている有価証券です。満期保有目的の債券とは，満期まで所有することを目的として保有する社債等のことです。子会社株式・関連会社株式とは，企業の支配や，他企業に対し影響力を与えるために所有する株式のことです。その他有価証券とは，上記以外の有価証券のことです。

重要ポイント

　　有価証券は，その種類によって評価方法や貸借対照表の区分が異なります。

種　　　　　　類	評　価　方　法	区　　　　　　分
売買目的有価証券	時　　　　価	流　動　資　産
満期保有目的有価証券	取得原価・償却原価	1年以内に満期到来 → 流　動　資　産 1年を超えて満期到来 →投資その他の資産
子 会 社 株 式 関 連 会 社 株 式	取　得　原　価	投 資 そ の 他 の 資 産
そ の 他 有 価 証 券	時　　　　価	1年以内に満期到来 → 流　動　資　産 1年を超えて満期到来 →投資その他の資産

関連項目➡　流動資産（p.26），固定資産（p.27），貸借対照表（p.10），社債（p.32），時価（p.8）

繰延資産とは，特定の費用を一度に費用と計上せずに，資産とみなして計上したものです。ここでの特定の費用とは，すでに現金等の支払が完了しているか支払義務が確定しており，これに対応するサービスの提供を受けたのにもかかわらず，その効果が将来にわたって期待されるもののことです。具体的には，創立費（会社設立までにかかった費用）や開業費（会社設立後から営業開始までにかかった費用）などです。また，繰延資産は，一定の期間内に定額法などの方法で費用化（償却）しなければなりません。

創立費には登記の費用や定款の作成費用などが当てはまり，これらは原則として営業外費用として支出時に処理されます。しかし，この費用は，会社が設立し営業活動を開始するのに必要な費用であり，その効果は会社の営業活動が開始した後にも期待されると考えられます。そのため，支出時に費用として認識せずに，支出額を繰延資産として資産計上し，将来にわたって徐々に費用化していくことができます。これによって，資産として繰延べた費用を将来の収益と対応させることが可能となります。このように，ある会計期間に計上された収益に対して，これと関連のある費用を同じ会計期間に計上することを，費用収益対応の原則といいます。

基本的に，費用は発生主義によって認識し，一方で収益は実現主義によって認識します。この場合，費用と収益の認識に時間的な差が生まれます。そのため，費用収益対応の原則に従い，この時間的な差を調整し，適正な期間損益計算が可能となります。繰延資産であれば，費用を繰延資産と計上し，一定期間内に償却することで，それを可能としているのです。

関連項目➡ 費用性資産（p.25），固定資産（p.27），発生主義会計（p.6），費用・収益対応の原則（p.53）

ソフトウェア（software）

ソフトウェアとは，コンピュータに一定の仕事をさせるためのプログラムのことです。ソフトウェアの制作費は，その制作目的と内容に応じて，資産として計上すべきものと費用として処理すべきものに区分されます。

重要ポイント

会計上，ソフトウェアの制作目的は，次の4つに分類されます。①研究開発目的のソフトウェア，②自社利用目的のソフトウェア，③市場販売目的のソフトウェアと④受注制作のソフトウェアです。

①研究開発目的のソフトウェア

研究開発目的のソフトウェア制作にかかった費用は，すべて発生時に研究開発費（費用）として処理することになっています。

②自社利用目的のソフトウェア

自分の会社で利用するために制作したソフトウェアにかかった費用は，それを利用することで将来収益の獲得が確実な場合もしくは将来費用の削減が確実な場合，ソフトウェアとして資産計上されます。そうではない場合には，研究開発費として処理されます。

③市場販売目的のソフトウェア

製品マスターを制作する費用のうち，研究開発が終了するまでの費用は研究開発費として処理します。研究開発終了後の制作費については，その内容によって処理方法が異なります。たとえば，機能の追加に要した費用は，製品マスターの取得原価として計上することになっています。

④受注制作のソフトウェア

この場合は，建設業などにおける請負工事と似ているため，工事進行基準による会計処理が原則として適用されます。

関連項目➡ 固定資産（p.27），貸借対照表（p.10），工事進行基準（p.61）

のれん（goodwill）

　　のれんとは，他の企業または事業を取得する際に支払う取得対価が，その企業または事業の純資産の時価を超過した額のことです。他の企業または事業を取得する際に支払う取得対価が，その企業または事業の純資産の時価を超過しない場合があります。この場合は負ののれんが発生したと考えます。

重要ポイント

　　投資と資本の消去差額は，かつては連結調整勘定とされていました。しかし，資本連結に先立ち，連結子会社のすべての資産・負債の評価替え（全面時価評価法）が行われることから，親会社の投資と子会社の資本が時価により対応し，当該差額は合併や買収など企業結合が行われる場合に生じる買入のれんと同様のものと考えられます。このため今日のわが国の制度会計においては，企業結合会計と同じく当該差額をのれん（または負ののれん）として処理します。

　　のれんは連結貸借対照表資産の部に計上し，20年以内のその効果の及ぶ期間にわたって，定額法その他の合理的な方法により規則的に償却します。ただし金額に重要性が乏しい場合には，発生した会計期間の費用として処理することができます。一方，負ののれんは，連結子会社の資産・負債の評価を再検討・修正した上で，なお残存する場合に発生した会計期間の利益として処理します。

関連項目➡　固定資産（p.27），資本連結（p.68），持分法（p.77），時価（p.8）

棚卸資産（inventories）

棚卸資産とは，販売目的として所有する資産や製造途中の資産などのことであり，実地棚卸によってその有高を確認することが可能なものです。実地棚卸とは，実際に店舗にある品の数量や金額を調べることです。

（重要ポイント）

棚卸資産を買った場合には，買入価額に付随費用を加えた額が当該棚卸資産の取得原価となります。製品を製造した場合には，その製造原価が取得原価として認識されます。

そして，棚卸資産の取得原価は，適正な期間損益計算のために，当期の費用になる部分と資産として次期に繰越す部分に分けられます。具体的には，仕入れた商品を販売すれば売上として企業は認識し，販売した商品の原価を売上原価（費用）として計上します。現実には，前期から繰越されてきた商品在庫も存在しているので，売上原価は以下のように計算されます。

売上原価＝期首商品棚卸高＋当期商品仕入高－期末商品棚卸高

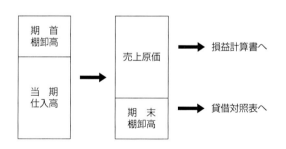

関連項目➡ 流動資産（p.26），費用性資産（p.25），売上原価（p.52），原価計算（p.88）

　　リース会計とは，一定期間にわたって，一定のリース料を支払うことを条件にリース物件の使用を認める一連の取引に関する会計処理のことです。リース取引には，ファイナンス・リース取引とオペレーティング・リース取引の二種類があるとされています。

（重要ポイント）

　　ファイナンス・リース取引とは，借手がリース物件に関する収益を獲得でき，またそれに関する費用を借手が負担する条件であり，かつ，リース契約の途中解約が契約上または事実上不可能な取引のことです。このようなファイナンス・リース取引は，実質的に企業がリース物件を購入し，リース料としてその代金を長期間にわたって分割払いしているとみなすことができます。もしくは，資金を借りて，その資金でリース物件を購入したと考えることもできます。つまり，借手は資産を購入し，それを自社のものであるかのように利用できます。そのため，借手はリースした物件をリース資産として貸借対照表に計上し，リース期間にわたって支払うリース料をリース債務として計上します。

　　オペレーティング・リース取引とは，ファイナンス・リース取引の条件を満たさないもののことです。この場合，借手はリース物件を使用する期間にわたって，支払ったリース料を費用として処理します。

関連項目➡　固定資産 （p.27），貸借対照表 （p.10）

貨幣性資産（monetary assets）・費用性資産（non-monetary assets）

　　貨幣性資産とは，現金もしくは近い将来現金となる資産のことです。この資産には，現金・預金以外に，売掛金，受取手形や有価証券などが含まれます。費用性資産とは，使用や販売などをすることで資産としての価値を失い，費用となる資産のことです。費用性資産となるものには，棚卸資産，有形固定資産，無形固定資産などがあります。

（重要ポイント）

　　企業が費用性資産を所有している場合，資産として計上されます。そして，それを企業が使用するなどし，価値が減少したとみなされたら，その分を費用化します。たとえば，有形固定資産であれば，減価償却を通じて費用化されます。しかし，実際に有形固定資産の価値がどのくらい減ったかを測定することはできないので，定額法などの計算を行うことで減価償却費を決めます。どのように，費用を配分していくかは，費用性資産の種類に応じて，手続きが異なります。

関連項目➡　棚卸資産（p.23），固定資産（p.27），減価償却（p.28）

　　　流動資産とは短期間のうちに現金となる資産のことです。これは貸借対照表上における資産分類の一項目であり，他にも資産は固定資産と繰延資産に分類されます。

重要ポイント

　　　流動と固定を分類するための基準が2つあります。第1は営業循環基準であり，第2は1年基準（ワン・イヤー・ルール）です。営業循環基準とは，企業の営業循環の過程で生じる資産や負債を流動項目とするものです。たとえば，製造業の場合，企業は材料を仕入れ，それを生産過程に投入することで製品を生産します。そして，それを販売することで代金を回収できます。さらに，また回収した代金から材料を購入し，製品を生産することになります。このようなサイクルが営業循環です。この営業循環の中に登場してくる資産または負債を流動と考えるのが，営業循環基準です。

　　　この営業循環基準を満たさない資産・負債でも，1年基準を満たしていれば流動に分類されます。1年基準とは，決算日の翌日から起算して，1年以内に履行期の到来する資産・負債または1年以内に費用もしくは収益となる資産・負債を流動に分類する基準です。たとえば，1年以内に返済される貸付金は，営業循環基準を満たしてはいませんが，1年基準を満たしているため，流動資産に分類されます。しかし，1年を超えて返済される貸付金は，営業循環基準はもちろん，1年基準も満たさないため，固定資産に分類されます。

関連項目➡　固定資産（p.27），繰延資産（p.20），貸借対照表（p.10）

固定資産（fixed asset）

固定資産とは，企業の経営活動のために長期で所有している資産のことです。ここでの長期とは，1年を超えるかどうかで判断することになります。さらに，固定資産は有形固定資産，無形固定資産と投資その他の資産に分類されます。

重要ポイント

有形固定資産とは，物理的な形態があり，企業が1年を超えて所有している資産のことです。たとえば，建物，機械装置，備品や車両運搬具などが有形固定資産に当てはまります。無形固定資産とは，物理的な形態をもちませんが，企業の経営活動に長期的に利用される資産のことです。具体的には，法律上の権利，ソフトウェアやのれんの3つが無形固定資産に含まれます。投資その他の資産には，長期間所有することを目的とする投資，子会社などに対する投資や長期前払費用などが当てはまります。

固定資産は流動資産と対立するものであり，1年基準を満たさないものです。そのため，固定資産は，現金化されるのに1年以上かかる，もしくは長期間にわたって費用化されます。たとえば，所有している社債券の満期日が2年後だったとします。その債権は2年後の満期日に現金化されますので，流動資産ではなく，固定資産に分類されます。他にも，機械装置であれば，減価償却費を計上することで，耐用年数に応じて費用化されます。このように，固定資産は1年以上企業内で滞留する資産のことです。

関連項目➡　流動資産（p.26），減価償却（p.28），貸借対照表（p.10），ソフトウェア（p.21），のれん（p.22）

減価償却（depreciation）

　　減価償却の本来の意味は，有形固定資産の価値の減少（減価）を測定して，帳簿から落とす（償却）ことをいいます。しかし近年では，発生主義を基礎とした適正な期間損益計算を行うための費用配分として，考えられています。1期分の減価償却費は当該資産の取得原価，耐用年数，残存価額（0とすることが一般的）の3点を計算要素として，当該資産の耐用年数を基準とする定額法，定率法，級数法，あるいは当該資産の利用度を基準とする生産高比例法などの計算方法を用いて計算しますが，耐用年数の経過にともなう償却総額はどの計算方法を用いても同じ額になるとされています。また，減価償却費の計上にあたっては，直接法と間接法があります。

重要ポイント

　　有形固定資産の減価原因は使用による損耗，時の経過にともなう自然老朽化などの物理的減価，あるいは技術革新や需要の変化による陳腐化，生産方法の変更や組織変更による不適合などの機能的減価などがあります。

　　減価償却費は計算上の費用であり，支出のない費用と考えられています。したがって，収益－費用＝利益という利益計算の下では，減価償却費の計上は利益の確定に大きな影響を与えます。耐用年数をどのように設定するか，あるいは方法の変更によって減価償却費の金額は変動します。それによって利益が過大に表示されたり，過小に表示されたりすることになります。また，支出のない費用ですから，減価償却費分だけ企業内部に利益が留保されることになります。これを資金計算の立場から，減価償却の自己金融機能といいます。さらに，減価償却費を原価構成要素として把握する場合，減価償却は有形固定資産に投下された貨幣資本の回収計算としてみることもできます。

関連項目➡　固定資産（p.27），発生主義会計（p.6），費用性資産（p.25）

割引現在価値（discounted cash flow）

割引現在価値とは，将来キャッシュ・フローを一定の割引率によって現在に割引く計算手法のことです。現在では，公正価値を測定するための計算手法の一つとして考えられています。また，資産や負債の評価だけでなく，設備投資の経済性計算にも利用される計算方法です。

重要ポイント

割引現在価値の計算は，貨幣の時間価値を考慮した計算であるといわれています。たとえば，現在の1,000円と1年後の1,000円は，同じ価値ではありません。利子を考慮すると（利子率を5％とします），1年後の1,000円は，現在の952円（≒1,000÷1.05）と同じ価値になり，1年後の1,000円は現在の1,000円よりも価値が低いことになります。このような貨幣の時間価値を考慮し，将来のキャッシュ・フローを現在時点の価値にすることで，資産や負債の評価を行う計算を割引現在価値といいます。

割引現在価値の計算が会計基準に初めて取り入れられたのは，AAAの1957年基準であり，それ以降，割引現在価値が会計基準の中で所々取り入れられ，現在では公正価値の測定方法の一つとなっています。しかし，割引現在価値の概念は，古くから存在していました。たとえば，中世のオランダにおいては貸付の問題を割引現在価値で測り，またイギリス産業革命期では炭鉱の評価に割引現在価値が利用されていました。

関連項目➡ 公正価値（p.16），時価（p.8），インカム・アプローチ（p.14），設備投資の経済性計算（p.166）

流動負債（current liabilities）

　　負債とは，企業が負っている経済的負担で貨幣額で合理的に評価されるものです。つまり会計上の負債とは，債務のように負債と認識されているものだけでなく，将来の経済的負担で貨幣額で合理的に評価できるものも含まれます。負債は資本が「自己資本」とよばれるのに対して，「他人資本」ともよばれます。

　　負債は，資産と同様に正常営業循環基準と1年基準とによって流動負債と固定負債に分類されます。正常営業循環基準では，企業の主目的である営業活動の循環過程の中で発生する負債は，その弁済期限の長短を問わず，すべて流動負債と考えます。

　　次に営業循環過程で発生しない負債については，1年基準が適用されます。この1年基準とは，債務履行期日が決算日の翌日から起算して1年以内に到来する負債は流動負債とし，1年を超える負債を固定負債とする考え方です。

　　企業の主目的たる営業取引によって発生した債務および貸借対照表日の翌日から起算して1年以内に支払の期限が到来する債務，1年以内に使用される短期負債性引当金，未払費用および前受収益などの経過勘定も含まれます。

（重要ポイント）

　　流動負債に計上する主な勘定科目は次のとおりです。

　　①買掛金は営業取引によって生じた商品，原材料などの仕入代金の未払金額です。②未払金は，備品購入の未払額などのように本来の営業取引以外の取引によって生じた一時的な債務です。③支払手形は，商品や原材料の仕入れなどの営業取引によって生じた代金を支払うために生じる手形債務です。④前受金は，商品や製品などを販売するにあたって，その代金の一部を内金・手付金などで前もって得意先から受取った場合の前受額です。⑤短期借入金は，決算日後1年以内に返済する約束で資金を借入れた場合の借入額です。⑥預り金は，得意先から預かった営業保証金や一時的な金銭の預かり

分です。⑦未払費用は，未払地代のように一定の契約に従って役務を継続して受けている場合，すでに受取った役務に対する未払額です。⑧前受収益は，前受家賃のように一定の契約に従って役務を継続して提供している場合，未提供の役務に対して受取った前受額です。⑨未払法人税等は，決算の結果算定された純利益をもとに計上された法人税と住民税の当期負担額です。

　仕訳を示すと次のとおりです。

①当店は商品500,000円を掛で仕入れた。

(借)仕　　　　　入　　500,000　　(貸)買　掛　金　　500,000

②当店は備品100,000円を購入し，代金は月末に支払う予定です。

(借)備　　　　　品　　100,000　　(貸)未　払　金　　100,000

③当店は商品1,000,000円を約束手形を振出して仕入れた。

(借)仕　　　　　入　1,000,000　　(貸)支 払 手 形　1,000,000

④当店は，商品300,000円の注文を受け，内金として80,000円を現金で受取った。

(借)現　　　　　金　　80,000　　(貸)前　受　金　　80,000

⑤当店は，1年以内に返済予定の5,000,000円借入をした。

(借)現　　　　　金　5,000,000　　(貸)短 期 借 入 金　5,000,000

⑥本月分の従業員の給料350,000円から所得税の源泉徴収額30,000円を差引き，残額を現金で支払った。

(借)給　　　　　料　　350,000　　(貸)所得税預り金　　30,000
　　　　　　　　　　　　　　　　　　　　現　　　　　金　　320,000

⑦決算にあたり，当期の地代未払額30,000円を計上した。

(借)支 払 地 代　　30,000　　(貸)未 払 地 代　　30,000

⑧決算にあたり，受取った利息36,000円のうち，前受分12,000円を次期に繰延べた。

(借)受 取 利 息　　12,000　　(貸)前 受 利 息　　12,000

⑨決算の結果計算された純利益をもとに法人税800,000円を計上した。

(借)法　人　税　　800,000　　(貸)未 払 法 人 税　　800,000

関連項目➡　固定負債（p.32），引当金（p.33）

固定負債（fixed liabilities）

固定負債には，主に社債や長期借入金などがあります。

社債は，株式会社が社債を発行して，資金を長期にわたって借入れた場合，その債務をあらわす勘定です。長期借入金とは，借入金のうち，その返済期限が決算日の翌日から1年をこえるものです。

重要ポイント

仕訳を示すと以下のようになります。
①当店は，2年以内に返済予定の5,000,000円借入をした。
(借)現　　　　金　5,000,000　　(貸)長 期 借 入 金　5,000,000
②当店は，2年後に5,000,000円返済した。
(借)長 期 借 入 金　5,000,000　　(貸)現　　　　金　5,000,000

関連項目➡　流動負債（p.30），社債（p.32）

社　債（bonds）

社債とは，株式会社が，広く一般の人々から長期の資金を借り入れるため，発行した債券です。社債を発行した時は社債勘定（負債の勘定）の貸方に額面金額で記帳します。社債は，ふつう額面金額より低い価額で発行（割引発行）されます。

社債の募集費用，社債券の印刷費など社債の発行のために支出した費用は社債発行費（繰延資産）として借方に記帳します。

社債の利払い社債に対する利息は，ふつう年2回（半年ごと）支払われます。この利息は借入金に対する利息と区別して社債利息勘定の借方に記帳します。

社債の償還とは，社債の償還期限がきた時，その社債の額面に相当する金額を返済することです。

重要ポイント

社債の償還には，次のような方法があります。

$$社債の償還 \left\{ \begin{array}{l} 満期償還（一時償還）\cdots\cdots 額面金額による \\ 随時償還 \left\{ \begin{array}{l} 抽せん償還\cdots 額面金額による \\ 買入償還\cdots\cdots 市場価格による \end{array} \right. \end{array} \right.$$

満期償還とは，最終の償還期限に全額を償還する方法です。

抽せん償還とは，分割して償還する方法です。分割償還する社債を抽せんによって決めます。償還する社債が決定した時にその額面金額を社債勘定から未払社債勘定（負債の勘定）に振替えます。

買入償還とは，社債市場から発行した社債を買入れて消却する方法です。この場合，額面金額と買入金額との差額は，社債償還益勘定（収益の勘定）または社債償還損勘定（費用の勘定）で処理します。

関連項目➡ 流動負債（p.30），固定負債（p.32）

引当金（allowance）

引当金は，会計期間ごとの損益計算を正しく行うために，次の条件をすべて満たすときに設定できます。

①将来，特定の費用または損失の発生が予想できる。

②その発生原因が当期以前にあること。

③その発生の可能性が高いこと。

④その金額を合理的に見積ることができること。

引当金には貸倒引当金のほか，次のものがあります。

修繕引当金とは，建物・機械・船舶などに対する修繕費をその支出が行われる年度に全部負担させないでその固定資産を使用した年度にも負担させるため，その金額を見積もり計上した場合に設けられます。

製品保証引当金とは，製品の販売にあたって，製品に故障が発生した時，一定条件の下で無料で修理や取換えをする約束をしている場合に，予想される費用を見積計上した場合に設けられます。

重要ポイント

仕訳を示すと以下のようになります。

①決算にあたり，機械装置の修繕費の当期負担分360,000円を見積計上した。

(借)修　繕　費　　360,000　　(貸)修繕引当金　　360,000

②機械の修繕を行い，修繕費500,000円を小切手を振出して支払った。ただし，修繕引当金が360,000円設定してある。

(借)修繕引当金　　360,000　　(貸)当　座　預　金　　500,000
　　修　繕　費　　140,000

③決算にあたり，売上高30,000,000円の0.5%の金額を製品保証引当金として設定した。

(借)製品保証引当金繰入　150,000　　(貸)製品保証引当金　150,000

$$
引当金
\begin{cases}
\text{資産の部に記載する引当金} \cdots\cdots\cdots 貸倒引当金 \\
\text{負債の部に記載する引当金}
\begin{cases}
流動負債 \cdots \begin{array}{l} 製品保証引当金 \\ 修繕引当金など \end{array} \\
固定負債 \cdots \begin{array}{l} 退職給付引当金 \\ 特別修繕引当金など \end{array}
\end{cases}
\end{cases}
$$

関連項目➡　流動負債（p.30），固定負債（p.32）

退職給付（retirement benefits）

退職給付とは退職時および退職後に支払われる給付であり，退職一時金と退職年金に大別されます。退職一時金については，毎期，費用の発生に基づいて退職給付引当金を設定するのに対して，企業年金については基金に拠出すべき掛金相当額を費用として計上してきました。

退職給付に係る会計基準（1998年）では，退職一時金と退職年金を一括して退職給付として取扱い，この両者を対象に退職給付引当金を設定することとされました。

貸借対照表に計上される退職給付引当金の額は，基本的には次のように計算されます。

退職給付引当金 ＝ 退職給付債務 － 年金資産

退職給付債務は，次のような手順で計算されます。

①退職時に見込まれる退職給付総額の見積。

②当期末までに発生したと認められる退職給付見込み額の見積。

③現在価値への割引。

（重要ポイント）

退職給付に関する仕訳は次のとおりです。

①退職給付費用の計上

(借)退職給付費用　　×××　　(貸)退職給付引当金　　×××

②退職一時金の支払時

(借)退職給付引当金　　×××　　(貸)現　　　　金　　×××

③期末における数理計算上の差異の処理

(借)退職給付引当金　　×××　　(貸)退職給付費用　　×××

関連項目➡　固定負債（p.32），引当金（p.33）

（減債基金（sinking fund））

　社債を償還するには，多額の資金が必要であり，あらかじめその準備をする必要があります。減債基金とは，社債を償還するための資金を一般の資金と区別して定期預金や金銭信託などの形で積立てられた資金です。減債用定期預金勘定（資産の勘定）や減債用金銭信託勘定（資産の勘定）で処理します。

　減債積立金とは利益処分時に当期未処分の一部を社債償還のための任意積立金として設定する方法です。この償還用の積立金は，減債積立金勘定（純資産の勘定）で処理します。

　減債基金と減債積立金を同時に設定する方法によれば，社債の償還をより確実にすることができます。この場合，特定の資産が確保され，同時に利益留保として積立金が増加します。

（重要ポイント）

仕訳を示すと以下のようになります。

①小切手5,000,000円を振出して，減債用の定期預金とした。

(借)減債用定期預金　　5,000,000　　(貸)当 座 預 金　　5,000,000

②額面3,000,000円の社債を，減債用定期預金によって，償還した。
(借)社　　　　債　3,000,000　　(貸)減債用定期預金　3,000,000
③減債用定期預金の利息200,000円を減債基金に繰り入れた。
(借)減債用定期預金　200,000　　(貸)受 取 利 息　200,000

関連項目➡　社債（p.32），引当金（p.33）

条件付債務（debt with conditions）

　債務たる負債は，法律上の債務性を有するもので，さらに確定債務と条件付債務に細分されます。条件付債務とは，将来ある一定の条件が満たされたときに確定債務に転化するものです。たとえば，一定期間内に生じた故障については無償で修理するという条件で販売している場合には，当期に販売した製品について将来発生すると予想される修理費をあらかじめ当期として見越計上する際に製品保証引当金が設定されます。建設業では，工事補償引当金とよばれています。無償で製品を修理するという義務は，保証期間中に故障が生じるという条件が満たされてはじめて確定した債務になります。

　重要ポイント

　仕訳を示すと以下のようになります。
①決算にあたり，機械装置の修繕費の当期負担分360,000円を見積計上した。
(借)修　繕　費　360,000　　(貸)修 繕 引 当 金　360,000
②機械の修繕を行い，修繕費500,000円を小切手を振出して支払った。ただし，修繕引当金が360,000円設定してある。
(借)修 繕 引 当 金　360,000　　(貸)当 座 預 金　500,000
　　修　繕　費　140,000
③決算にあたり，売上高30,000,000円の0.5%の金額を製品保証引当金として設定した。
(借)製品保証引当金繰入　150,000　　(貸)製品保証引当金　150,000

関連項目➡　固定資産（p.27），引当金（p.33）

金融商品 (financial instruments)

金融商品とは，銀行，証券会社，保険会社など金融機関が提供・仲介する各種の預金，投資信託，株式，社債，保険などのことです。すなわち，金融商品は，金融資産，金融負債およびデリバティブ取引の係る契約を総称したものです。各種の金融商品は，安全性，流動性，収益性の3つの基準によって評価することができます。①安全性は，金融商品にあてた資金が目減りしたり，期待していた利益が得られなくなる危険がないかに着目した基準です。②流動性は，必要なときにどれくらい自由に現金に換えることができるかに着目した基準です。③収益性は，その金融商品で資金運用することによりどれくらいの利益が期待されるかに着目した基準です。

金融商品に関する会計基準等をはじめとする金融商品会計とは，証券・金融市場のグローバル化および金融商品の取引の高度化・複雑化に対応したものであり，金融商品の時価評価に係る会計処理や新たに開発された金融商品や取引手法等についての会計処理を整備する目的で基準化されたものです。

重要ポイント

金融商品の具体例は，次のとおりです。

関連項目➡ スワップ取引（p.38），デリバティブ（p.39）

スワップ取引は，デリバティブ（金融派生商品）の一つで，等価のキャッシュ・フローを交換する取引の総称をいいます。これは，2者間で合意された「ある想定元本に対して異なる指標を適用して計算されたキャッシュ・フローを一定期間交換すること」を約束した取引を示します。一般にスワップ取引は，マーケットにおいて相場変動を回避したり，効率的かつ効果的な調達や運用を実現したりするために利用されており，具体的なものには，金利スワップや通貨スワップのほかにクーポンスワップ，エクイティスワップ，コモディティスワップなどがあります。また，スワップ取引とは，あらかじめ定められた契約条項にしたがって将来キャッシュ・フローを当事者間で交換する取引です。同一通貨間のキャッシュ・フローの交換を金利スワップ，異種通貨間キャッシュ・フローの交換を通貨スワップといいます。また，スワップ取引は，調達金利の削減や金利・為替変動リスクのヘッジ手段としてよく用いられています。

スワップ取引は，原則として時価評価され，評価差額は当期の損益として処理されます。

ただし，一定の要件を充たす場合には，スワップを時価評価し，評価損益を繰延べるヘッジ会計を適用できます。さらに，金利スワップについては，金利スワップを時価評価せず，受払いの純額を対象となる資産または負債の利息の調整として処理する特例処理も認められています。

重要ポイント

金利スワップの特例処理の仕訳は，次のとおりです。

K社は，1月1日，期間3年，6ケ月LIBOR（ユーロ市場における銀行間貸出側レート）プラス0.5％で200,000,000円の変動利付きの借入を行いました。同日，変動金利を固定金利に交換するため，想定元本200,000,000円でLIBORプラス0.5％の変動金利を受取り，2％の固定金利を支払う期間3年の金利スワップ契約を締結しました。6ケ月LIBORは2％であり，金利の決済は，6月30日

と12月31日です。

　金利スワップと借入金については，金利スワップの想定元本と借入金の元本額が同一であり，金利の受払条件および満期も同一であり，特例処理の適用が認められます。

　1月1日の仕訳
　(借)現 金 預 金 200,000,000　　(貸)借　　入　　金 200,000,000
　3月31日決算日の仕訳
　(借)支払利息 (借入金)　 1,250,000　　(貸)未 払 利 息　 1,250,000
　　　未 払 利 息　　 250,000　　　支払利息 (スワップ)　 250,000
　借入金の支払利息＝200,000,000×（2％＋0.5%）×3/12
　　　　　　　　　＝1,250,000
　スワップ契約純受取額＝200,000,000×（2.5%－2.0%）×3/12
　　　　　　　　　　　＝250,000

関連項目➡　金融商品（p.37），デリバティブ（p.39）

デリバティブ（derivative）

　デリバティブは，現物の取引から派生した取引，すなわち金融派生商品とよばれ，金利や債券，株式，通貨，コモディティ（エネルギー，貴金属，農産物他）などの原資産から派生した取引の総称をいいます。これは，元々はリスク回避の手段として開発されましたが，現在では少額の資金で大きな取引ができることから，デリバティブ自体を対象とする投機的な取引も拡大しています。

　デリバティブの種類については，元となる原資産，取引の形態，商品の仕組みによって，いくつかに分類することができますが，その中でも代表的なものとしては，将来の売買についてあらかじめ現時点で約束する取引である「先物取引」，等価のキャッシュ・フローを交換する取引である「スワップ取引」，将来の一定の期日（期間内）に，一定の数量をその時の市場価格に関係なくあらかじめ決められた特定の価格で買う権利，または売る権利を売買する取引「オプション取引」があります。

デリバティブは，伝統的な金融取引に比べて，少ない資金で効果的にリスクヘッジや裁定取引，投機取引を行うことができます。「先物取引」とは，債券，株式，通貨，原油などの相場変動リスクを回避するため，将来の一定の期日にあらかじめ決められた価格および数量の商品を売買する取引です。「先物取引」は取引所で規格化された条件で取引されます。

(重要ポイント)

先物取引の会計処理を仕訳で示すと次のとおりです。

K株式会社は，2月1日金利の上昇が予想されるため，債券先物10,000,000円を単価100円につき126円で売り建て，証拠金4,000,000円を差入れました。3月31日決算日現在の6月限月物の時価は124円でした。

（契約締結日2月1日の仕訳）

（借）先物取引資産　4,000,000　　（貸）先物取引利益　4,000,000

（決算日3月31日）

（借）先物取引資産　200,000　　（貸）先物取引利益　200,000

(126－124)÷100×10,000,000＝200,000

関連項目➡　金融商品（p.37），スワップ取引（p.38）

(株主資本（shareholders' equity）)

「純資産」とは，株主資本と株主資本以外の各項目から構成されます。株主資本は，企業の所有者である株主に帰属する部分であり，資本金，資本剰余金および利益剰余金からなります。資本金は，会社の設立や増資に際して株主が払込んだ金額です。資本剰余金は，株主が払込んだ金額のうち資本金に組入れられなかった金額のことです。利益剰余金は，企業が稼得した利益のうち配当などで社外に流出せず社内に留保された金額です。

(重要ポイント)

株主資本の分類は次のとおりです。

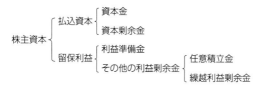

関連項目➡ 株主資本等変動計算書（p.43），資本剰余金（p.46）

新株予約権（stock acquisition right）

　　新株予約権は，会社に対して一定の期間にあらかじめ定められた価格で新株の発行を請求できる権利です。新株予約権は，将来権利行使され払込資本となる可能性がある一方，失効して払込資本とはならない可能性もあります。

　　新株予約権の会計処理は，次のように取り扱われます。①発行時の会計処理すなわち，新株予約権は，その発行にともなう払込金額を「純資産の部」に「新株予約権」として計上します。②権利行使時の会計処理たとえば，新株を発行する場合は，当該新株予約権の行使にともなう払込金額を資本金または資本金および資本準備金に振替えます。③失効時の会計処理は，新株予約権が行使されず権利行使期間が満了し，当該新株予約権が失効したとき当該失効に対応する額を失効が確定した会計期間の利益（原則として特別利益）として処理します。

（重要ポイント）

各仕訳例は，次のようになります。

①社債30,000,000円と新株予約権3,000,000円を同時に募集し両者を同時に割当て，社債は，額面100円につき90円，新株予約権は割当金額100円につき10円で当座預金に入金した場合。

(借)当 座 預 金　27,000,000　　（貸）社　　　　債　30,000,000
　　社債発行差金　 3,000,000
　　当 座 預 金　 3,000,000　　　　新 株 予 約 権　 3,000,000

②3,000,000円の新株予約権に対して払込金額3,000,000円で新株

を発行し，当座預金に入金し全額資本金とした場合です。

(借)当 座 預 金　3,000,000　　(貸)資　本　金　6,000,000
　　新 株 予 約 権　3,000,000

③3,000,000円の新株予約権に対して払込金額1,000,000円で自己株
　式を交付し，当座預金に入金した場合です（自己株式の調達額
　3,500,000円）。

(借)当 座 預 金　1,000,000　　(貸)自 己 株 式　3,500,000
　　新 株 予 約 権　3,000,000　　　　自己株式処分差益　500,000

④新株予約権の行使期間満了時に，新株引受権の行使未済分が
　2,000,000円あった場合です。

(借)新 株 予 約 権　2,000,000　　(貸)新株予約権戻入益　2,000,000

関連項目➡　株主資本（p.40），ストック・オプション（p.42）

関連項目➡　株主資本（p.40），ストック・オプション（p.42）

ストック・オプション（stock option）

　　ストック・オプションとは，会社の役員や従業員が自社株をあ
らかじめ定められた価格で購入できる権利のことをいいます。権
利を付与された役員や従業員は，定められた価格以上に株価が上
昇したところで株式購入，売却することで購入価格とその時の株
価との差額分の利益を得ることができるようになります。株価を
上昇させるためには，役員や従業員自身が業績を上げる努力をし
ていかなければならず，そのことが会社にとっても利益につなが
るというインセンティブ制度であるといえます。

重要ポイント

　　ストック・オプションの種類には以下のものがあります。
通常型（業務連動型）
　　役員や従業員に業績向上のインセンティブの意味をもたせるた
め，権利行使価格を権利付与時の株価以上に設定し，権利行使
時に権利付与時よりも株価が上昇していれば，その差額が役員
や従業員の利益となるものです。

株式報酬型

　役員や従業員の権利行使価格を１円などの低額に設定し，権利行使時の株価分がそのまま利益となるものです。このため，退職金に代わるものとして利用されることもあります。

有償型

　役員や従業員が権利付与時の株価でストック・オプションを購入し，権利行使時に権利付与時よりも株価が上昇していれば，その差額が役員や従業員の利益となります。

関連項目➡　株主資本（p.40），株主資本等変動計算書（p.43）

株主資本等変動計算書 (statements of Shareholders' equity)

　株主資本等変動計算書は，損益計算書，貸借対照表とならぶ財務諸表の一つです。その内容は貸借対照表の純資産の部の一会計期間における変動額のうち，主として株主に帰属する部分である株主資本の各項目の変動事由を報告するために作成されます。

　株主資本等変動計算書は，大きく分けると「当期首残高」，「当期変動額」，「当期末残高」の３つを記入します。まず「当期首残高」に記入します。金額は，「前期の株主資本等変動計算書」または「前期の貸借対照表『資産の部』」から記入します。次に当期純資産の部に変動があった項目を記入します。たとえば，株主資本の変動をもたらす主な事由としては新株の発行，剰余金の配当，任意積立金の積立と取崩，当期純利益の計上，自己株式の取得と処分などがあります。最後に当期末残高を記入します。これによって，株主資本等変動計算書によって当期中に生じた純資産の変動の内容がわかります。

重要ポイント

　株主資本等変動計算書の具体例は，次ページのとおりです。

財
務
会
計

株主資本等変動計算書

自令和××年1月1日 至令和××年12月31日

(単位:円)

	株主資本								株主資本合計
	資本金	資本剰余金			利益剰余金				
		資本準備金	その他資本剰余金	資本剰余金合計	利益準備金	その他利益剰余金		利益剰余金合計	
						××積立金	繰越利益剰余金		
当期首残高	5,000,000	500,000	0	500,000	200,000	0	1,544,000	1,744,000	7,244,000
当期変動額									
剰余金の配当					10,000		△110,000	△100,000	△100,000
新株の発行	800,000	800,000		800,000					1,600,000
吸収合併	200,000	200,000		200,000					400,000
当期純利益							985,000	985,000	985,000
当期変動額合計	1,000,000	1,000,000		1,000,000	10,000		875,000	885,000	2,885,000
当期末残高	6,000,000	1,500,000	0	1,500,000	210,000	0	2,419,000	2,629,000	10,129,000

貸借対照表
令和××年12月31日 (単位:円)

資産の部		負債の部	
現　　　　　金	355,000	支　払　手　形	242,000
当　座　預　金	1,950,000	買　　掛　　金	1,021,000
受　取　手　形	342,000	借　　入　　金	500,000
売　　掛　　金	1,413,000	負債の部合計	1,763,000
貸　倒　引　当　金	△10,000	純資産の部	
売買目的有価証券	950,000	資　　本　　金	6,000,000
商　　　　　品	401,000	資　本　準　備　金	1,500,000
消　　耗　　品	35,000	利　益　剰　余　金	
建　　　　　物	6,000,000	利　益　準　備　金	210,000
		繰越利益剰余金	2,419,000
備　　　　　品	1,416,000	利益剰余金合計	2,629,000
減価償却累計額	△960,000	純資産の部合計	10,129,000
資　産　合　計	11,892,000	負債・純資産合計	11,892,000

関連項目➡　資本剰余金（p.46），利益剰余金（p.47），貸借対照表（p.10）

資本剰余金 (capital surplus)

　　資本剰余金とは，株主により払込まれた資本のうち資本金以外の部分です。資本剰余金のうち会社法により積立が強制されているのが資本準備金であり，それを超える部分がその他資本剰余金です。

　　また，株主に分配する配当金の原資となる点で，資本剰余金は，資本金や資本準備金と性質が違います。資本剰余金を原資として配当する場合，資本金や資本準備金を取崩して資本剰余金を増額させた後，株主に配当することができます。

重要ポイント

　　資本剰余金3,000,000円を配当する仕訳を示すと次のようになります。

(借)その他資本剰余金　3,000,000　　(貸)未 払 配 当 金　3,000,000

実際に支払ったときは，次のようになります。

(借)未 払 配 当 金　3,000,000　　(貸)現 金 預 金　3,000,000

関連項目➡　任意積立金（p.46），利益剰余金（p.47）

任意積立金 (voluntary earned surplus)

　　その他利益剰余金は，株主総会の決議によって会社が任意に留保した任意積立金処分が未定の状態にある繰越利益剰余金からなります。任意積立金とは，法律によって積立が強制されておらず，会社の意思によって積立てられた積立金です。具体的には配当資金を確保するために設定された「配当積立金」や事業の拡張に備えるために積立てられた「事業拡張積立金」，役員退職金の準備のための「役員退職金積立金」のように目的を定めた積立金と別途積立金のように特定の目的の定めのない積立金があります。

重要ポイント

　　具体例は，次のようになります。

①株主総会において剰余金の中から3,000,000円を積立てた。

(借)繰越利益剰余金　3,000,000　　(貸)任 意 積 立 金　3,000,000

②株主総会において任意積立金3,000,000円を取崩した。

(借)任 意 積 立 金　3,000,000　　(貸)繰越利益剰余金　3,000,000

関連項目➡　資本剰余金（p.46），利益剰余金（p.47）

利益剰余金（retained earnings）

　　利益剰余金とは，会社法により積立が強制されている利益準備金と利益準備金以外の利益剰余金であるその他利益剰余金からなります。その他利益剰余金は，株主総会の決議によって会社が任意に留保した任意積立金と，処分が未定の繰越利益剰余金からなります。一会計期間の事業活動の結果として当期純利益が損益計算書の末尾に表示されて，当該当期純利益額が貸借対照表の繰越利益剰余金に振替えられます。処分されずに残っていた繰越利益剰余金残高に当期純利益から振替えられた額が加算されて次の株主総会の処分の対象となります。

重要ポイント

仕訳を示すと次のとおりです。

①K商事株式会社当期決算において当期純利益2,050,000円が算定された。

(借)損　　　　　　益　2,050,000　　(貸)繰越利益剰余金　2,050,000

②K商事株式会社は，株主総会で繰越利益剰余金を次のように処分することを決議した。

　　株主配当金　600,000円　　利益準備金　60,000円

(借)繰越利益剰余金　　　660,000　　(貸)未 払 配 当 金　　600,000

　　　　　　　　　　　　　　　　　　　利 益 準 備 金　　　60,000

関連項目➡　任意積立金（p.46），分配可能額（p.48）

分配可能額 (the amount available for distribution)

　　分配可能額とは，会社法が定める剰余金の配当の上限額・限度額をいいます。会社法では，利益配当・中間配当・資本金の額の減少・準備金の額の減少にともなう払戻し・自己株式の有償取得で行われる株主に対する金銭等の交付をすべて剰余金の配当と位置づけ，その統一的な財源規制として分配可能額の制度を設定しました。

　　分配可能額の算定は，最終事業年度末日に次のように計算されます。

　　分配可能額＝剰余金の額＋決算日以降分配時点までの剰余金の
　　　　　　　増減－（自己株式の帳簿加額＋自己株式の処分価額）

　　剰余金の算定は，次のように計算されます。

　　剰余金の額＝資産＋自己株式－（負債＋資本金＋準備金＋法務
　　　　　　　省令で定める各勘定科目に計上した額の合計額）

※法務省令で定める各勘定科目とは，評価・換算差額等および新株予約権を指します。

重要ポイント

　　分配可能額の計算は次のとおりです。

貸借対照表「純資産の部」（円）

資　　本　　金	10,000
資　本　剰　余　金	12,000
資　本　準　備　金	10,000
その他の資本剰余金	2,000
利　益　剰　余　金	6,000
利　益　準　備　金	1,000
任　意　積　立　金	1,000
繰　越　利　益　剰　余　金	4,000
自　　己　　株　　式	△1,000
資　　本　　合　　計	27,000

（分配可能額の計算）
その他の資本剰余金2,000＋
その他利益剰余金5,000－
自己株式1,000＝6,000

その他利益剰余金＝任意積立金
1,000＋繰越利益剰余金4,000

関連項目➡　任意積立金（p.46），利益剰余金（p.47）

法定準備金（statutory reserve）

法定準備金とは，資本準備金と利益準備金からなります。

資本準備金は，株主が出資にあたり払込んだ金額のうち資本金に計上されなかった部分です。会社法では株式を発行した場合，原則として株主が払込んだ金額の全額を資本金に組入れることとされています（会社法第445条）。ただし，払込金額のうち2分の1を超えない額は資本金に組み入れないことができます。この場合，資本金とされなかった部分は資本準備金として計上しなければなりません。

利益準備金は，利益のうちから会社法の定めにより強制的に積立てられたものです。会社計算規則によれば，会社は資本準備金と利益準備金を併せて，資本金の4分の1に達するまで積立てなければなりません（会社計算規則第45条）。また，会社はその他利益剰余金から配当を行った場合には，その額の10分の1に相当する額をその他利益剰余金から利益準備金として計上しなければなりません。

重要ポイント

準備金の積立の具体例を示しますと次のとおりです。

その他資本剰余金からの配当1,000,000円およびその他利益剰余金からの配当2,000,000円を株主総会で決議しました。

なお，直前の資本金，資本準備金，利益準備金の残高は，それぞれ50,000,000円，8,000,000万円，3,000,000円でした。

（借）その他資本剰余金	1,100,000	（貸）未 払 配 当 金	3,000,000
その他利益剰余金	2,200,000	資 本 準 備 金	100,000
		利 益 準 備 金	200,000

関連項目➡ 資本剰余金（p.46），利益剰余金（p.47）

　　資産除去債務とは，有形固定資産の取得，建設，開発または通常の使用によって生じ，当該有形固定資産の除去に関して法令または契約で要求される法律上の義務およびそれに準ずるものと定義されます。

重要ポイント

　　有形固定資産には，財務諸表等規則において有形固定資産に区分される資産のほか，それに準ずる有形の資産も含まれます。このため建設仮勘定やリース資産のほか，財務諸表等規則において「投資その他の資産」に分類されている投資不動産などについても，資産除去債務が存在している場合には，資産除去債務の対象となることに留意する必要があります。

　　有形固定資産の除去とは，有形固定資産を用役提供から除外することをいいます。除去の具体的な態様としては，売却，廃棄，リサイクルその他の方法による処分等が含まれますが，転用や用途変更は含まれません。また，当該有形固定資産が遊休状態になる場合は除去に該当しないこととされます。

　　資産除去債務を有形固定資産の除去に係わるものと定義していることから，有形固定資産の使用期間中に実施する環境修復や修繕は，対象とはなりません。

　　通常の使用とは，有形固定資産を意図した目的のために正常に稼働させることをいい，有形固定資産を除去する義務が，不適切な操業等の異常な原因によって発生した場合には，資産除去債務として使用期間にわたって費用配分すべきものではなく，引当金の計上や「固定資産の減損に係わる会計基準」の適用対象となります。

　　この場合の法律上の義務およびそれに準ずるものには，有形固定資産の除去そのものは義務でなくとも，有形固定資産を除去する際に当該有形固定資産に使用されている有害物質等を法律等の要求による特別の方法で除去するという義務も含まれます。

　　法律上の義務に準ずるものとは，債務の履行を免れることがほ

ぼ不可能な義務を指し，法令または契約で要求される法律上の義務とほぼ不可避的な義務が該当します。具体的には，法律上の解釈により当事者間での精算が要請される債務に加え，過去の判例や行政当局の通達等のうち，法律上の義務とほぼ同等の不可避的な支出が義務づけられているのが該当すると考えられます。したがって，有形固定資産の除去が企業の自発的な計画のみによって行われる場合は，法律上の義務に準ずるものには該当しないと考えられます。

関連項目➡ 減価償却（p.28），減損会計（p.17）

売上高（sales）

　　売上高とは，商品・製品の販売や用役（サービス）の提供により得た収益です。商品引渡し後に，商品の破損や汚れにより，売上戻り（返品）や売上割引，売上割戻を行うことがあります。

　　総売上高から，売上戻り・売上割引・売上割戻を差引いたものが，純売上高となります。

重要ポイント

　　本来の営業活動から生じた利益である営業利益を計算する際に含まれる収益は売上高だけであり，収益のうち最も重要な項目です。

　　ここでの営業活動とは，定款に記載されている事業目的のことです。

　　売上高は，必ず因果関係にあたる売上原価と対応させて考える必要があります。商品もしくは製品を販売すると売上高が増加し，その商品もしくは製品の原価が売上原価として計上されます。商品もしくは製品を媒介することで，収益と費用が計上されることになり，この2つには直接的な対応関係があります。また，売上高から売上原価を差引いたものが，売上総利益です。

関連項目➡　売上原価（p.52），売上総利益（p.54），費用・収益対応の原則（p.53）

売上原価（cost of sales）

　　売上原価とは，一会計期間に販売される商品あるいは製品の仕入原価もしくは製造原価のことです。その金額は，流通業の場合，商品期首棚卸高＋当期商品仕入高−商品期末棚卸高で計算します。製造業の場合は，製品期首棚卸高＋当期製品製造原価−製品期末棚卸高になります。この計算の意味は，期間の実現収益に対応する期間費用に配分された部分を確定することです。

　　また，数量の確定には，継続記録法と棚卸計算法があり，単価の確定には，個別法，総平均法，移動平均法，先入先出法，後入

先出法，売価還元法などがあります。

(重要ポイント)

　売上原価は，商品あるいは製品の原価だけではなく，原価性を有する棚卸減耗費や低価基準を適用した場合の評価損なども含まれることがあります。また，製造業の場合，製品製造原価の計算に，標準原価もしくは予定原価が適用される時は，この計算によって生じる原価差額のうち，売上原価に賦課されたものを売上原価の内訳項目として，表示する必要があります。

関連項目➡　売上高（p.52），損益計算書（p.11），原価計算（p.88），標準原価計算（p.134）

(**費用・収益対応の原則** (principle of matching expenses with revenues))

　費用・収益対応の原則とは，期間損益計算をする際に，一会計期間に計上された収益に対して，これと関連のある費用を同じ会計期間に計上する考え方のことです。収益から差引かれる費用は，収益を獲得するために費やされた費用に限定し，利益計算が行われます。費用に収益を対応させるのではなく，収益に費用を対応させます。

(重要ポイント)

　収益に費用を対応させる方法は，2つあります。一つは，個別的対応とよばれるものです。個別的対応とは，売上高と売上原価の関係のように，ある商品もしくは製品を媒介として収益と費用の対応関係を直接的にとらえる考え方のことです。もう一つの対応方法は，期間的対応とよばれるものです。期間的対応とは，販売費及び一般管理費のように，会計期間を媒介として，一会計期間に発生した収益とその期間の費用とを関連づける考え方です。

関連項目➡　売上高（p.52），売上原価（p.52），販売費及び一般管理費（p.54）

　　売上総利益とは，売上高からこれに対応する売上原価を差引いた利益であり，粗利ともいわれます。役務の給付を営業とする場合は，営業収益から給付の費用を差引いて，売上総利益が算出されます。マイナスになる場合は，売上総損失となります。

（重要ポイント）

　　損益計算書の中では，段階的に利益計算が行われています。その利益の中で，最初に計算されるのが売上総利益です。売上高と売上原価には，個別的対応関係があります。売上高は，商品や製品を販売した際の収益であり，売上原価は，販売された商品または製品の仕入原価もしくは製造原価のことです。商品を仕入れたとしても，すぐに売上原価になるわけではなく，その商品を販売することで初めて売上原価となります。そのため，売上高と売上原価の両者には個別的対応関係があります。

関連項目➡　損益計算書（p.11），売上高（p.52），売上原価（p.52），費用・収益対応の原則（p.53）

売上費及び一般管理費（selling and administrative expenses）

　　販売費及び一般管理費とは，企業の販売及び一般管理業務に関して発生したすべての費用をいい，営業費用ともいいます。販売費と一般管理費は異なるものですが，厳密には区別が困難なため，損益計算書には販売費及び一般管理費として一括表示しています。

（重要ポイント）

　　販売費及び一般管理費の内訳は，以下のように分類されます。
①販売業務によって生じた費用。
　　・・・販売手数料，荷造費，運搬費，広告宣伝費など。
②販売及び一般管理業務によって生じた人件費。
　　・・・給料，賃金，手当，賞与，福利厚生費など。
③販売及び管理部門関係のその他の諸経費。
　　・・・交際費，旅費，交通費，通信費，光熱費，租税公課，減

価償却費，修繕費，保険料など。

　また，通常の取引によって発生した貸倒損失は異常なものを除き販売費となります。特別損失として認められるのは，臨時かつ巨額な場合，災害時の予期せぬ原因によるものです。研究開発費は当期製造費用として処理したものを除き，一般管理費に含められます。

　販売費及び一般管理費を削減することで，営業利益は上がります。そのため，営業利益を上げるためには，販売費及び一般管理費のコスト削減が重要となり，複数ある会計処理方法（減価償却など）の選択も一つのコスト削減の戦略となります。

関連項目➡　損益計算書（p.11），営業利益（p.55），費用・収益対応の原則（p.53）

営業利益（operating profit）

　営業利益とは，企業の商品あるいは製品の販売や用役の提供によって生じる営業収益である売上高から，この収益を獲得するために要した営業費用（売上原価＋販売費及び一般管理費）を控除した差額のことです。営業利益は，企業の本来の経営活動から生じる成果です。したがって，営業利益は会社の経営活動の状況を知るためには最も重要な数値です。

（重要ポイント）

　営業収益は売上高だけですが，営業費用は，売上原価と販売費及び一般管理費で構成されています。売上原価と販売費及び一般管理費では，営業収益である売上高に対して対応関係の質が違い，因果関係が異なります。そのため，損益計算書では，売上高と売上原価の差額を売上総利益として掲示し，これと販売費及び一般管理費の差額を営業利益として区分表示しています。

関連項目➡　損益計算書（p.11），売上高（p.52），売上原価（p.52），販売費及び一般管理費（p.54）

営業外収益とは，企業の営業活動以外から，毎期経常的に発生する収益のことです。たとえば，営業外収益には，受取利息，受取配当金や有価証券売却益などが含まれます。

営業外費用とは，企業の営業活動以外から，毎期経常的に発生する費用のことです。たとえば，営業外費用には，支払利息，社債利息，有価証券売却損などが含まれます。

営業外収益および営業外費用は，財務活動から生じる収益と費用である金融収益と金融費用が主です。

重要ポイント

営業利益から，これら営業外収益と営業外費用を加減算することで，経常利益が計算されます。営業利益が本業である営業活動から生じた利益であるのに対し，経常利益は財務活動による損益も考慮した経常的な活動の成果を表したものです。

さらに，経常利益から特別利益と特別損失を加減算することで税引前当期純利益が計算されます。営業外収益・営業外費用は経常的なものですが，一方で特別利益・特別損失は経常的なものではありません。

関連項目➡ 営業利益（p.55），経常利益（p.56），当期純利益（p.57）

経常利益 (ordinary income)

経常利益とは，企業の本来の経営活動から生じる利益である営業利益に，営業外収益を加算し，営業外費用を控除した利益のことです。この値がマイナスの場合は，経常損失といいます。営業利益が本業である営業活動から生じた利益であるのに対し，経常利益は財務活動による損益も考慮した経常的な活動の成果を表しています。

　経常利益は，営業利益に営業外収益を加算し，営業外損失を減算したものです。企業の正常な経営活動による業績利益（正常な収益力）を算定し表示すべきとする当期業績主義のもとでは，経常利益が損益計算書の最終利益を示すことになります。これに対し，臨時損益などのすべての損益を明記し処分可能利益を表示すべきとする包括主義のもとでは，経常利益は中間的利益となります。

関連項目➡　損益計算書（p.11），営業外収益・営業外費用（p.56），
**　　　　　　売上総利益（p.54）**

当期純利益（net profit）

　当期純利益は，損益計算書で計算される期間利益の最終段階です。最終段階では，経常利益の金額に特別利益を加算し，特別損失を控除して，税引前当期純利益が計算され，この金額に当該年度の法人税，住民税および事業税，法人税等調整額が加減され，当期純利益が計算されます。連結財務諸表では，税金等の調整前の純利益のうち非支配株主持分に属するものを加減して当期純利益が計算されます。

　当期純利益にその他の包括利益を加算したものを，包括利益といいます。包括利益は，資本取引以外による持分のすべての変動を表しています。通常，資本取引によらない持分の変動は，損益計算書を経由して，貸借対照表に表示されます。近年，金融商品の時価評価に関連して，損益計算書を経由せず持分に直接計上するような項目が登場してきました。このような持分の独立した項目であるその他の包括利益項目を包括利益計算書を経由して，持分のその他の包括利益累計額に算入するという新たな方法がみられるようになってきました。

関連項目➡　損益計算書（p.11），リサイクリング（p.58），包括
**　　　　　　利益（p.58）**

包括利益 (comprehensive income)

　　包括利益とは，「当期純利益＋その他の包括利益」を指します。その他の包括利益とは，その他有価証券評価差額金，繰延ヘッジ損益，為替換算調整勘定，退職給付に係る調整額等のことです。これらの項目に当期純利益を加算した包括利益は，一会計期間における純資産の変動額のうち，出資者（株主）との直接的な取引によらない部分を表しています。

重要ポイント

　　日本においては，ASBJ（Accounting Standards Board of Japan）が2010年6月に企業会計基準第25号「包括利益の表示に関する会計基準」を公表しました。これにより，連結財務諸表に包括利益が表示されるようになりました。個別財務諸表では，包括利益の表示義務はありません。

　　包括利益の表示方法は，2つの方法が認められています。一つは，当期純利益を表示する損益計算書と包括利益を表示する包括利益計算書の2つからなる2計算書方式です。もう一つは，当期純利益と包括利益の表示を一つの計算書である損益及び包括利益計算で行う1計算書方式です。

関連項目➡　当期純利益（p.57），収益連結（p.71），内部利益（p.73）

リサイクリング (recycling)

　　その他の包括利益に含まれる売却可能有価証券の時価評価益，もしくは時価評価損などの未実現利益，もしくは損失項目は，売却などにより実現することがあります。この時まで，その他の包括利益の項目として累積された未実現利益，もしくは損失を実現利益もしくは損失として，実現時の損益計算書に振替えることをリサイクリングといいます。

重要ポイント

　　リサイクリングは，資産価値の変動による増減と当期純利益の区

分が曖昧で，含み損益の実現処理が恣意的な損益の計上をもたらすという理由から，IFRS（International Financial Reporting Standards）では一部禁止されています。この場合，その他の包括利益は，その実現時に，当期純利益を経由しないで，直接，利益剰余金に振替えられます。

関連項目➡ 包括利益（p.58），当期純利益（p.57），損益計算書（p.11）

総額主義（totalism）

　　総額主義とは，財務諸表上において，取引の金額をありのまま表示する考え方です。たとえば，貸借対照表であれば，売掛金と買掛金の金額を相殺し，残金だけを表示するのではなく，売掛金の金額と買掛金の金額をそのまま表示します。金額を相殺してしまうと，債権債務の総額を把握することができなくなってしまい，企業の財政状態を正確に読み取れません。損益計算書であれば，収益と費用を相殺して差額だけを記載するのではなく，収益の総額と費用の総額を表示する必要があります。

（重要ポイント）

　　総額主義の対の概念を純額主義といいます。純額主義とは，貸借対照表であれば資産・負債・純資産の各項目の金額を相殺し，損益計算書であれば収益・費用の金額を相殺して表示する考え方です。
　　企業会計原則では，明瞭性の原則と重要性の原則の観点から，基本的には純額主義ではなく，総額主義が適用されています。
　　ただし，為替差損益と為替換算損益は純額主義がとられる例の一つです。これらは，共に為替差損益として処理し，差益と差損を相殺した純額で損益計算書に表示するため，これらは純額主義が認められる例です。

関連項目➡ 貸借対照表（p.10），損益計算書（p.11）

税効果会計（inter-period tax allocation）

　　税効果会計とは，法人税等（利益に関連する金額を課税標準とする税金）を取引や事象の発生した期間の費用と仮定して，法人税等を適切に期間配分し，損益計算書の税引前当期純利益と法人税等を合理的に対応させることです。この法人税等の前払額は，損益計算書に法人税等調整額，貸借対照表には繰延税金資産として表示します。

重要ポイント

　　繰延税金資産の計上によって，税金の前払分だけ利益が増加し，それと同額の資産も増加します。表示上は税金負担の増加による利益の減少が緩和され，また，自己資本の強化にもつながります。繰延税金資産が資産として認められるのは，将来において法人税等の支払額を減らす効果があると考えられるためです。この効果を，回収可能性といいます。繰延税金資産の計上にあたっては，この回収可能性を十分検討する必要があります。たとえば，将来にわたって利益の計上が見込めない状況では，法人税等も発生しません。したがって，法人税等の支払額を減らすことはできません。このような場合には回収可能性はありませんから，繰延税金資産は計上できません。つまり，将来支払う法人税等を減額できる効果があって，初めて計上が認められることになります。このように，繰延税金資産の回収可能性は，将来の企業の状況に大きく依存しているといえます。実際に，将来の企業の業績を確実に予見することは困難なため，過去の業績や含み益をもつ資産の売却による利益確保などを判断材料として，回収可能性の有無が検討されます。業績予想の見積によっては当期純利益や自己資本の金額が大きく変わってしまうだけに，慎重な判断が求められます。

関連項目➡　当期純利益（p.57），損益計算書（p.11），貸借対照表（p.10）

工事進行基準（percentage of completion method）

工事進行基準とは，長期請負工事などにおいて，請負代金の総額や工事期間などの契約に基づき，工事の収益を工事の進捗度に合わせて計上するものです。原則として，収益は実現主義に基づいて計上されます。この原則に従えば，工事が完成し，当該建物や船舶などが契約相手に引渡されない限り，工事収益の計上はできません。しかし，請負代金が契約によって確定し，実現が保証されている場合には，工事期間中の決算日に，工事の進捗度に応じて，工事収益を計上することが認められています。

重要ポイント

工事進行基準は，収益の認識に発生主義を適用したものですが，長期請負工事などで収益の認識に実現主義を適用したものを，工事完成基準といいます。工事完成基準では，工事が完成し，当該建物や船舶を相手方に引渡した時点で収益を計上します。この方法を採用すると，工事が完成するまでの期間は，工事費用のみが計上されることになり，対応を原則とする期間損益計算に支障をきたしますが，通常，長期請負工事を行う企業は，多数の工事を請負っていることが通例なので，完成時期のタイムラグを考慮すれば，期間収益の平準化が図られます。

関連項目➡ 発生主義会計（p.6），現金主義会計（p.5）

連結範囲（scope of consolidation）

　　連結範囲とは，個別企業の財務諸表を統合して連結財務諸表を作成する際，その対象となる企業の範囲をいいます。

（重要ポイント）

　　連結財務諸表は，支配従属関係にある2つ以上の企業により構成される企業集団を単一の組織体（会計単位）とみなして，この企業集団の財政状態，経営成績及びキャッシュ・フローの状況を総合的に報告するため作成されます。このとき，他の企業の財務及び営業または事業の方針を決定する取締役会や株主総会といった機関を支配している企業を親会社といい，支配されている企業を子会社といいます。子会社の子会社（いわゆる孫会社）は，子会社と見なされます。なお，親会社・子会社間の支配従属関係については，支配力基準により個別に判断することとなります。また，親会社や子会社といった企業には，会社の他に組合その他これらに準ずる事業体が含まれます。

　　親会社は原則としてすべての子会社を連結範囲に含めなければなりません。しかし，支配が一時的であると認められる企業や，連結することにより利害関係者の判断を著しく誤らせるおそれのある企業は，子会社であっても連結範囲に含めないものとされています。また，小規模な子会社であって，資産，売上高等を考慮して，連結範囲から除いても企業集団の財政状態，経営成績及びキャッシュ・フローの状況に関する合理的な判断を誤らせない程度に重要性が乏しいものは，連結範囲に含めないことが容認されています。

　　親会社は，連結範囲とされた企業を対象として連結決算日に次の連結財務諸表（会社法では連結計算書類）を作成・開示します。

```
                    ┌ 連 結 貸 借 対 照 表      ┐
金融商品取引法上の  │ 連 結 損 益 計 算 書      │  会 社 法 上 の
連 結 財 務 諸 表    │ 連結株主資本等変動計算書  │  連結計算書類
                    │ 連結附属明細表  連結注記表 │
                    └ 連結キャッシュ・フロー計算書 ┘
```

　このほか，金融商品取引法においては四半期ごとに連結貸借対照表，連結損益計算書，連結キャッシュ・フロー計算書の作成・開示が求められます。

関連項目➡　連結子会社（p.63），支配力基準（p.66），持株基準（p.65）

連結子会社（consolidated subsidiary）

　連結子会社とは，企業集団を構成する子会社の中で連結範囲に含められるものをいいます。

重要ポイント

　親会社とともに企業集団を構成する子会社であっても，支配従属関係が一時的である，あるいは小規模で重要性に乏しいといった理由により，すべての子会社が連結範囲に含められるとはかぎりません。このため，連結範囲に含まれる子会社を特に連結子会社とし，親会社と連結子会社をあわせて連結会社といいます。

　親会社は連結子会社の支配獲得日に連結貸借対照表を作成し，その後は連結決算日（親会社の決算日）に連結財務諸表を，また四半期ごと（3ヶ月ごと）に四半期連結財務諸表を作成・開示します。

　連結財務諸表の作成手続きの概要は以下のとおりです。
①連結子会社のすべての資産・負債の評価替え（支配獲得日の時価）
②個別財務諸表の合算

③連結修正仕訳 ┤ 資本連結等の仕訳
　　　　　　　　└ 収益連結等の仕訳

連結財務諸表は個別財務諸表を合算し，そこに連結修正仕訳を加えて作成されるため，連結手続きに関する帳簿は存在せず，すべて簿外で行われます。したがって，連結決算日ごとに作成する連結財務諸表に，過年度に行われた連結手続きの影響を反映することを目的とする修正仕訳を行う必要が生じます。このような仕訳を開始仕訳といいます。なお，同一環境下で行われた同一の性質の取引等について，親会社および子会社が採用する会計方針が異なる場合には，原則として連結財務諸表を作成する際に統一しなければなりません。

　連結範囲に含められなかった子会社を非連結子会社といいます。また，子会社ではないものの，親会社等が，出資，人事，資金，技術，取引等の関係を通じて，財務および営業または事業の方針の決定に対して重要な影響を与えることができる場合，そのような企業を関連会社といいます。非連結子会社および関連会社は連結範囲には含まれませんが，一般にその活動は企業集団の財政状態や経営成績に影響を及ぼすものと考えられます。そこで，これらの企業による活動の影響については，持分法を適用することによって連結財務諸表に反映します。

関連項目➡　連結範囲（p.62），持分法（p.77）

持株基準（equity approach）

持株基準とは，企業集団を構成する子会社を決定するに際して，親会社等の所有する持株の割合により判定を行う基準をいいます。

重要ポイント

持株基準においては，他の企業の発行済株式のうち議決権の付与された株式（株主総会議決権）について，通常，その過半数を所有する会社を親会社，所有される会社を子会社とします。これは，過半数の議決権を保有することにより，会社の最高意思決定機関である株主総会決議を通じて強い支配力を行使することができるためです。なお，過半数の株式所有は親会社による直接所有の場合だけではなく，他の子会社と併せて，あるいは親会社や他の子会社の資金による他人名義の株式（「自己の計算」により所有する株式）と併せて過半数を所有するような間接所有の場合も含まれます。

持株基準により子会社となるケースには，以下のようなものがあります。A社〜F社はすべて親会社に対する子会社となります。なお，（ ）内は持株比率を表します。

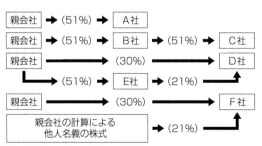

持株基準は持株の割合という数値により子会社の判定を行うため客観性の高い基準であるといえます。しかし，企業間の支配従属関係は株主総会を通じて形成される関係に限定されるわけではありません。そこで，今日のわが国の制度会計においては，持株基準を包

含しつつ，多様な支配従属関係をも対象とする支配力基準によって子会社の判定が行われます。

　関連会社は影響力基準により判定されますが，その一部に持株の割合に基づく基準が用いられます。わが国においては，子会社以外の会社について，その議決権の20％以上を他の会社に所有されている場合に関連会社と判定する考え方が影響力基準の一部として用いられます。

関連項目➡　連結範囲（p.62），連結子会社（p.63），支配力基準（p.66）

支配力基準（control approach）

　支配力基準とは，企業集団を構成する子会社を決定するに際して，親会社等の所有する持株の割合だけでなく，意思決定機関を支配しているその他の事実などを組み合わせることにより判定を行う基準をいいます。

重要ポイント

　企業においては，株主総会のみならず，取締役会等の意思決定機関や資金の融資などを通じた支配力の行使が行われることがあります。このとき，持株基準により子会社を判定すると，実際には従属関係にある会社が子会社とされず，結果として，企業集団の財政状態，経営成績及びキャッシュ・フローの状況を総合的に報告するという連結財務諸表の役割が果たせなくなるおそれがあります。そのため，持株基準を包含しつつ，より実質的な支配従属関係をも対象として子会社の判定を行うことができる支配力基準が必要となりました。

　わが国の制度会計においては，次の要件に適合する企業を親会社，他方の企業を子会社とする支配力基準が用いられます。なお，支配力基準は数値によらず判定を行う側面があるため，持株基準に比べて客観性に劣ると指摘されることもあります。

　①議決権の過半数（50％超）を自己の計算において所有してい

るとき

②議決権の40%～50%を自己の計算において所有し，下記
（1）～（5）いずれかに該当するとき

　（1）自己の計算において所有している議決権と，自己と緊
　　　密な関係があるなどの協力的な株主が所有している議
　　　決権と合わせて，他の企業の議決権の過半数を占めて
　　　いる

　（2）役員・使用人である者が，他の企業の取締役会その他
　　　これに準ずる機関の構成員の過半数を占めている

　（3）他の企業の重要な財務及び営業又は事業の方針の決定
　　　を支配する契約等が存在する

　（4）他の企業の貸借対照表の負債の部に計上されている資
　　　金調達額の総額の過半（50%超）について融資を行っ
　　　ている

　（5）そのほかに他の企業の意思決定機関を支配しているこ
　　　とが推測される事実が存在する

③議決権をまったく所有していない，あるいは議決権の40%未
　満しか自己の計算において所有していない場合であっても，自
　己と緊密な関係があるなどの協力的な株主が所有している議決
　権と合わせて，他の企業の議決権の過半数を占め，かつ，上記
　②の（2）～（5）いずれかに該当するとき

**関連項目➡　連結範囲（p.62），連結子会社（p.63），持株基準
　　　　　　（p.65）**

資本連結 (capital consolidation)

　　資本連結とは，主に連結貸借対照表作成に際して，親会社の子会社に対する投資（子会社株式）と，これに対応する子会社の資本（資本金・資本剰余金・利益剰余金など）を相殺消去し，消去差額が生じた場合には当該差額をのれん（連結調整勘定）として計上するとともに，子会社の資本のうち親会社に帰属しない部分を非支配株主持分に振替える一連の処理をいいます。

重要ポイント

　　連結貸借対照表は，資本連結を含む以下の手続きにより作成されます。

- ・連結子会社のすべての資産・負債の評価替え（支配獲得日の時価）
- ・個別貸借対照表の合算
- ・資本連結
  - 投資と資本の相殺消去
  - のれん（連結調整勘定）の計上
  - 非支配株主持分への振替
- ・連結会社間の債権債務の相殺消去

　　連結財務諸表は企業集団に属する個別企業の財務諸表を合算することにより作成されます。このため，資本連結の手続きによらなければ，親会社貸借対照表資産の部に計上される子会社株式と，子会社貸借対照表純資産の部に計上される各勘定項目が連結貸借対照表上に重複計上され，適正な企業集団の財政状態が表示されないおそれが生じます。連結会社間の債権債務（金銭債権債務，経過勘定項目，社債等）についても，同様の理由から相殺消去されます。

　　連結貸借対照表は以下のように作成します。

　　P社はS社の発行済み株式すべてを取得し，同日の両社の貸借対照表は以下のとおりです。ただし，S社の諸資産の時価は410です。

P社B／S			
諸　資　産	850	諸　負　債	500
S 社 株 式	150	資　本　金	300
		資本剰余金	150
		利益剰余金	50

S社B／S			
諸　資　産	400	諸　負　債	260
		資　本　金	100
		資本剰余金	20
		利益剰余金	20

子会社資産の評価替え	（借）諸　資　産	10	（貸）評 価 差 額	10
投資と資本の相殺消去	（借）資　本　金	100	（貸）S 社 株 式	150
	資本剰余金	20		
	利益剰余金	20		
	評 価 差 額	10		

連結B／S			
諸　資　産	1,260	諸　負　債	760
		資　本　金	300
		資本剰余金	150
		利益剰余金	50

関連項目➡ 連結範囲（p.62），のれん（p.22），非支配株主持分
（p.69）

非支配株主持分（少数株主持分：Non-controlling interest）

　　連結子会社であっても，株主は企業集団内部の親会社等に限定さ
れる訳ではなく，企業集団の外部にも株主が存在することがありま
す。連結子会社の資本のうち企業集団外部の株主に帰属するものを
非支配株主持分といい，親会社に帰属する部分と区分して把握します。

（重要ポイント）

　　非支配株主持分は，連結子会社の株主持分である点では親会社持
分と異なるものではありません。しかし，連結財務諸表に関する会
計主体をどのように捉えるか（連結会計主体論）により，連結会計
上の位置づけに違いが生じます。連結会計主体論を代表する考え方
としては親会社説と経済的単一体説の2つがあります。

	親　会　社　説	経済的単一体説
考　え　方	連結財務諸表は親会社の株主のために作成すべきものと考え，作成手続きや表示方法について親会社株主の観点から決定。	連結財務諸表は企業集団の利害関係者のために作成すべきものと考え，作成手続きや表示方法について親会社株主に限定されない企業集団の出資者全体の観点から決定。
非支配株主持分の表示等	株主資本以外	株主資本の一部
非支配株主持分損益の表示等	費　用　項　目	利益の内訳項目

　わが国の制度会計においては，伝統的に親会社説の立場が採られ，非支配株主持分は企業集団の株主資本を構成するものではないとの考え方から純資産の部に株主資本と区別して表示することが求められます。しかし，近年の国際化の流れにより経済的単一体説の立場が強められつつあり，非支配株主に帰属する当期純利益は連結損益計算書の当期純利益の内訳項目として表示することが求められます。

　非支配株主持分を含めた連結貸借対照表は以下のように作成します。

　Ｐ社はＳ社の発行済み株式の60％を取得し，同日の両社の貸借対照表は以下のとおりです。

	P社B／S		
諸　資　産	910	諸　負　債	500
Ｓ　社　株　式	90	資　本　金	300
		資本剰余金	150
		利益剰余金	50

	S社B／S		
諸　資　産	400	諸　負　債	250
		資　本　金	100
		資本剰余金	30
		利益剰余金	20

【連結開始日の仕訳】

投資と資本の相殺消去	（借）	資 本 金	100	（貸）	S 社 株 式	90
		資本剰余金	30		非支配株主持分	60
		利益剰余金	20			

非支配株主持分：(100百万円+30百万円+20百万円) ×40%=60百万円

連結B／S

諸 資 産	1,310	諸 負 債	750
		資 本 金	300
		資本剰余金	150
		利益剰余金	50
		非支配株主持分	60

関連項目➡ 連結範囲（p.62），連結子会社（p.63），資本連結（p.68），収益連結（p.71）

収益連結（成果連結）(revenue consolidation)

収益連結とは，主に連結損益計算書作成に際して，連結会社相互間の取引高を相殺消去するとともに，そこから生じた内部利益（未実現損益）を消去する一連の取引をいいます。企業集団の成果（業績）を正しく表示するための連結手続きであるため，成果連結とよばれることもあります。

（重要ポイント）

連結損益計算書は，収益連結を含む以下の手続きにより作成されます。

```
┌ ・個別損益計算書の合算
│             ┌ 連結会社相互間の取引高の相殺消去
└ ・収益連結 ─┤ 内部利益（未実現損益）の消去
              └ 非支配株主に帰属する当期純利益の振替
```

連結財務諸表は企業集団に属する個別企業の財務諸表を合算することにより作成されます。このため，連結会社間で商品売買取引や配当金の授受などが行われている場合，収益連結手続きによらなければ，単なる財貨の内部移転に過ぎない取引によって連結損益計算書に収益あるいは費用が計上されることとなり，企業集団全体の取引規模や業績が適切に表示されなくなるおそれが生じます。また，連結子会社に対する親会社持分が100%未満である場合には，非支配株主に帰属する当期純利益を振り替え，区分表示する必要があります。

連結損益計算書は以下のように作成します。

P社はS社の発行済み株式の60%を保有しており，連結決算日における両社の損益計算書は以下のとおりです。なお，当期中にP社・S社間で次の取引が行われました。

・当期のP社からS社への商品の売上高は100百万円です。なお，この取引による商品は期中に外部へ販売済です。

・S社の当期中の配当金は50百万円です。

P社P／L		S社P／L	
売上高	1,000	売上高	500
売上原価	630	売上原価	300
受取配当金	30	当期純利益	200
当期純利益	400		

【連結決算日の仕訳】

売上高と売上原価の相殺消去	(借) 売上高 100 (貸) 売上原価 100
配当金の相殺消去	(借) 非支配株主持分(*) 20 (貸) 利益剰余金(*) 50 受取配当金 30 被支配株主への配当金：50百万円×40%＝20百万円 P社への配当金：50百万円×60%＝30百万円
非支配株主に帰属する利益の振替	(借) 非支配株主に帰属する当期純利益 80 (貸) 非支配株主持分(*) 80 非支配株主に帰属する当期純利益：200百万円×40%＝80百万円

連結P／L			
売	上	高	1,400
売	上 原	価	830
当 期	純 利	益	570
非支配株主に帰属する当期純利益			80
親会社に帰属する当期純利益			490

＊利益剰余金および非支配株主持分は連結貸借対照表・連結株主資本等変動計算書に計上します。

関連項目➡ 連結範囲（p.62），連結子会社（p.63），内部利益（p.73），アップストリーム・ダウンストリーム（p.75），非支配株主持分（p.69）

内部利益（未実現損益）（unrealized profit）

　　連結会社間で利益が付加された商品等が売買され，それが期末時点で在庫となっている場合には，販売会社の損益計算書に当該取引による利益が計上される一方，購入会社の期末商品棚卸高には利益に相当する金額が含まれることになります。これらは連結財務諸表の作成に際して認識されるべきではない収益に基づく企業集団の内部利益であるため，これらを消去する必要が生じます。

重要ポイント

　　内部利益は連結財務諸表の作成に際して消去する一方，以後の収益認識するべき会計期間の利益として計上されるよう修正する必要があります。商品については企業集団の外部へ販売されたときに収益認識されるべきであるため，販売された会計期間の利益となるよう修正されます。また，内部利益が付加された資産が償却性資産である場合には，個別財務諸表において内部利益に相当する金額だけ毎期の減価償却費が過大計上されるため，連結財務諸表の作成に際してこれを修正します。なお，内部利益と同様に，連結会社間取引により生じた金銭債権に対する貸倒引当金等も修正する必要があります。連結会社の債権債務は連結貸借対照表を作成する際に相殺

消去されることから，債権の貸倒を見積もる必要もなくなるためです。

内部利益の消去を含む連結損益計算書は以下のように作成します。

P社はS社の発行済み株式の100％を保有しており，連結決算日における両社の損益計算書は以下のとおりです。なお，当期中にP社・S社間で次の取引が行われていました。

・当期のP社からS社への商品の売上高は200百万円であり，この取引による商品のうち70百万円がS社において期末在庫となっています。なお，P社の売上利益率は30％です。

・P社の期末売掛金残高のうち，50百万円はS社に対するものです。なお，P社では期末金銭債権残高に対し2％の貸倒を見積もりました。

P社P／L		S社P／L	
売　上　高	1,000	売　上　高	500
売　上　原　価	700	売　上　原　価	350
販売費及び一般管理費	20	販売費及び一般管理費	10
当　期　純　利　益	280	当　期　純　利　益	140

【連結決算日の仕訳】

売上高と売上原価の相殺消去	（借）売　上　高　200（貸）売上原価　200
内部利益の消去	（借）売上原価　21（貸）商　品(*)　21 内部利益：70百万円×30％＝21百万円
債権債務の相殺消去	（借）買掛金(*)　50（貸）売掛金(*)　50
貸倒引当金の修正	（借）貸倒引当金(*)　1（貸）販売費及び一般管理費（貸倒引当金繰入）　1 貸倒引当金修正額：50百万円×2％＝1百万円

連結P／L	
売　　上　　高	1,300
売　上　原　価	871
販売費及び一般管理費	29
当　期　純　利　益	400

＊商品，買掛金，売掛金，貸倒引当金は連結貸借対照表計上項目を修正します。

関連項目➡　連結範囲（p.62），連結子会社（p.63），収益連結（p.71），アップストリーム・ダウンストリーム（p.75）

アップストリーム（up-stream）・ダウンストリーム（down-stream）

連結会社間取引のうち，特に子会社から親会社に商品等の財貨が移転する取引をアップストリーム，親会社から子会社に財貨が移転する取引をダウンストリームといいます。

重要ポイント

親会社に内部利益が計上されるダウンストリームについては，当該内部利益の全額を消去します。一方，子会社に内部利益が計上されるアップストリームについては，親会社の持分比率に相当する内部利益のみを消去する方式（親会社持分相当額消去方式）と内部利益の全額を消去し持分比率に応じて親会社と非支配株主が負担する方式（全額消去・持分比率按分方式）の2つの方法があります。前者は連結会計主体論における親会社説と，後者は経済的単一体説と整合する方法ですが，わが国の制度会計では，経済的単一体説と整合的な全額消去・持分比率按分方式の適用が求められています。

アップストリームによる連結損益計算書は以下のように作成します。

P社はS社の発行済み株式の70％を保有しており，連結決算日における両社の損益計算書は以下のとおりです。なお，当期中にP社・S社間で次の取引が行われていました。

・当期のS社からP社への商品の売上高は300百万円であり，こ

の取引による商品のうち50百万円がP社において期末在庫と
なっています。なお，S社の売上利益率は40％です。

P社P／L			S社P／L	
売 上 高	1,000		売 上 高	500
売 上 原 価	600		売 上 原 価	300
当期純利益	400		当期純利益	200

【連結決算日の仕訳】

売上高と売上原価の相殺消去	(借) 売 上 高 300 (貸) 売 上 原 価 300
内 部 利 益 の 消 去	(借) 売 上 原 価 20 (貸) 商 品 (*) 20 内部利益：50百万円×40％＝20百万円
非支配株主が負担 すべき内部利益	(借) 非支配株主 持 分 (*) 6 (貸) 非支配株主に帰属 する当期純利益 6 非支配株主が負担すべき内部利益：20百万円×30％＝6百万円
非支配株主に帰属 するS社当期純利益	(借) 非支配株主に帰属 する当期純利益 60 (貸) 非支配株主 持 分 (*) 60 非支配株主に帰属するS社当期純利益：200百万円×30％＝60百万円

連結P／L	
売 上 高	1,200
売 上 原 価	620
当 期 純 利 益	580
非支配株主に帰属する当期純利益	54
親会社に帰属する当期純利益	526

＊商品は連結貸借対照表項目を修正します。また，非支配株主持分は連結貸借対照
　表および連結株主資本等変動計算書項目を修正します。

関連項目➡ 連結範囲（p.62），連結子会社（p.63），収益連結（p.71），
　　　　　　内部利益（p.73），非支配株主持分（p.69）

持分法（equity method）

　　持分法とは，投資会社が被投資会社の資本および損益のうち投資会社に帰属する部分の変動に応じて，その投資の額を連結決算日ごとに修正する方法をいいます。連結財務諸表を作成する際，非連結子会社や関連会社に対する持分に適用されるほか，複数の独立した企業によって共同で支配されている企業（共同支配企業）に対する持分についても適用されます。

重要ポイント

　　持分法は一般に以下の手続きにより適用されます。

- ・投資と被投資会社資本の差額をのれんとして認識
- ・投資会社に帰属する被投資会社利益の計上
- ・被投資会社からの受取配当金と投資の相殺消去
- ・投資会社・被投資会社間取引による内部利益の消去

　　連結とは異なり，持分法においては被投資会社の財務諸表の合算は行われません。このため，持分法の手続きは主に投資勘定と持分法による投資損益勘定の増減により処理されます。なお，同一環境下で行われた同一の性質の取引等について，投資会社（その子会社を含む）および持分法を適用する被投資会社が採用する会計方針が異なる場合には，連結手続きと同様に原則として統一することが求められます。

　　持分法適用の仕訳は以下のようになります。

- ・P社はA社の発行済み株式の50%を現金270百万円で取得しました。同日のA社株主資本は資本金500百万円のみでした。なお，A社はP社の連結子会社に該当しません。また，のれんは定額法により償却し，償却期間は20年間とします。
- ・A社株式取得日が属する連結会計期間におけるP社とA社の取引は以下のとおりでした。なお，当該会計期間のA社の当期純利益は100百万円でした。
- ・P社がA社より受取った配当金は2百万円でした。

・P社のA社に対する売上高は50百万円であり，10百万円の商品がA社において期末在庫となっていました。なお，P社の当期の売上高利益率は30%です。

【P社の個別財務諸表上の仕訳】

A社株式の取得	（借）投資（A社株式） 270 （貸）現 金 預 金 270
配当金の受取	（借）現 金 預 金 2 （貸）受 取 配 当 金 2
A社に対する売上	（借）現 金 預 金 50 （貸）売 上 高 50

【連結財務諸表作成時（連結決算日）の持分法適用の仕訳】

のれんの償却	（借）持分法による 投資損益 1 （貸）投資（A社株式） 1 のれん：270百万円－500百万円×50%＝20百万円 償却額：20百万円÷20年＝1百万円
帰属利益の計上	（借）投資（A社株式） 50 （貸）持分法による 投資損益 50 100百万円×50%＝50百万円
受取配当金の相殺消去	（借）受取配当金 2 （貸）投資（A社株式） 2
内 部 利 益 (ダウンストリーム)の消去	（借）売 上 高 3 （貸）投資（A社株式） 3 内部利益：10百万円×30%＝3百万円

関連項目➡ 連結範囲（p.62），のれん（p.22），非支配株主持分（p.69），内部利益（p.73），アップストリーム・ダウンストリーム（p.75）

帰納的アプローチ（inductive approach）

会計ルール（会計基準や会計原則）の形成やその背後にある理論を構築する際，そのアプローチ方法には帰納的アプローチと演繹的アプローチという2つがあります。このうち，帰納的アプローチとは，実務の中で現実に用いられるさまざまな会計処理の中から共通するものを抽出することにより，会計ルールの形成や

理論構築を図る方法をいいます。

(重要ポイント)

　会計ルールは社会一般に受け入れられることで初めて有効に機能します。このような社会的に受容された会計ルールを「一般に認められた会計原則（GAAP／generally accepted accounting principles）」といいます。帰納的アプローチによる会計ルールは，すでに実務の中で用いられている会計処理をもとに形成されるため，社会的に受け入れられやすく，その意味で一般に認められた会計原則と親和性のあるアプローチであるといえます。このため，伝統的な会計ルールには帰納的アプローチにより作成されたものが多くあります。たとえば，わが国の制度会計においてGAAPとして長らく機能してきた『企業会計原則』は，その前文二１で「企業会計原則は，企業会計の実務の中に慣習として発達したもののなかから，一般に公正と認められたところを要約したものであって，…」としていることから，帰納的アプローチによるものと考えられます。一方で帰納的アプローチは，すでに実務で用いられている会計処理に基づくため，実務に何らかの問題がある場合，その解決に資する会計ルールを設定するのは難しく，また，新しい経済活動などに関する会計ルール形成には，実務上の会計処理が醸成されておらず対応できないといった欠点をもちます。さらに，実務上の会計処理を帰納要約することによることから，首尾一貫した会計ルールの形成につながりにくいといった問題が指摘されることもあります。これらの問題点を克服するものとして，演繹的アプローチに期待が寄せられる状況が生じてきています。

関連項目➡　演繹的アプローチ（p.80），会計公準（p.3）

演繹的アプローチ（deductive approach）

会計ルール（会計基準や会計原則）の形成やその背後にある理論を構築する際，そのアプローチ方法には帰納的アプローチと演繹的アプローチという2つがあります。このうち，演繹的アプローチとは，会計目的など会計ルールの前提事項を依るべき規範として定め，これに基づき具体的な会計処理方法を導出し会計ルールの形成を図る方法をいいます。

重要ポイント

会計ルールが社会的に信頼されるためには，首尾一貫したものである必要があります。また，今日の経済環境では日々新しい経済活動が行われる状況にあり，迅速な会計ルール設定も重要となっています。これらに対応するためには帰納的アプローチによっては難しく，演繹的アプローチによる会計ルール形成に期待が寄せられるようになりつつあります。わが国においても，企業会計基準委員会より財務報告の目的，会計情報が有すべき質的特性，財務諸表の構成要素，財務諸表における認識と測定といった会計ルールの基礎的事項がまとめられた『討議資料 財務会計の概念フレームワーク』が公表されています。その前文では「概念フレームワークは，将来の基準開発に指針を与える役割も有するため，既存の基礎的な前提や概念を要約するだけでなく，吟味と再検討を加えた結果が反映されている。」と述べられており，討議資料ではあるものの会計ルール形成の規範となることを期待したものであることがうかがわれます。

一方で，会計ルールが社会的に合意され一般に利用されるためには，設定主体の権威に対する社会的信頼のほか，会計ルールそのものの実務での実行可能性や有用性に対する信頼が必要となります。この点で，演繹的アプローチといえども，現に行われている実務慣行を無視することはできず，帰納的アプローチと対立するものとはいえない側面があります。このため，演繹的アプローチと帰納的アプローチは相互補完的な関係にあるとの指摘がなされることもあります。

関連項目➡ **帰納的アプローチ**（p.78），**会計公準**（p.3）

80

管理会計

意思決定会計（decision accounting / accounting for decision making）

　　計画には個別計画と期間計画があります。個別計画は，個別の問題に対処するための最善策を複数の代替案の中から一つ選択するという意思決定プロセスを経て策定されます。

　　個別計画には，個別構造計画と個別業務計画があります。個別構造計画は，設備投資，研究開発，海外進出，事業の多角化，M&A，業務提携や資本提携などに関わる計画であり，経営構造を変革するような戦略的意思決定を経て策定されます。個別業務計画は，新規注文の引受け，部品の自製または外注，一部品種の生産・販売の中止，最適セールス・ミックス，経済的発注量（EOQ）などに関わる計画であり，一定の経営構造の下に業務を執行する際に生じる個別問題に対処するための業務執行的意思決定を経て策定されます。

　　意思決定会計は，これらの戦略的意思決定と業務執行的意思決定に役立つ会計情報を提供するための会計です。

重要ポイント

　　意思決定会計では一般に，戦略的意思決定の際には資本コストを考慮した投資の経済性計算を行い，また業務執行的意思決定の際には差額原価，機会原価，埋没原価などの特殊原価概念を用いて差額原価収益分析を行います。

関連項目➡　経済的発注数量（p.160），機会原価（p.163），計画会計（p.84），経済的発注点（p.161），原価（p.86），原価計算（p.88），差額原価（p.165），設備投資の経済性計算（p.166），埋没原価（p.164）

業績管理会計（業績評価会計）(performance accounting / accounting for performance evaluation)

　　計画には個別計画と期間計画があります。期間計画は，特定の期間について，企業の各部署（業務部門など）における業務活動を組織的に総合し，企業全体としてまとめ上げた計画です。期間計画には，長期・中期・短期の経営計画，利益計画，予算などがあげられます。

　　経営者は，この期間計画（plan）に基づいて，ある業務を行う権限と責任をもつ各部署の管理者および従業員に日々の業務活動を実行（do）させ，その業績を定期的に評価（check）し，その結果を業務活動の改善や次の期間計画の設定に反映（action）するという一連の経営管理プロセス（PDCAサイクル）を展開します。このプロセスでは，期間計画を基準または目標として管理者および従業員に示し，多人数による諸活動が基準または目標から逸脱しないよう監視・是正するコントロール（統制）が行われます。

　　業績管理会計は，このように相互に密接に結びついた期間計画と統制に役立つ会計情報を提供するための会計です。

重要ポイント

　　業績管理会計では，理想（基準または目標としての期間計画）と現実（業務活動の実行結果）を会計数値によって表わすことで，両者のギャップ（差異）を会計数値の比較により把握し，その情報を期間計画や業務活動の改善へと結びつけます。これを行う際に用いられる代表的な手法として，予算管理や標準原価計算があげられます。そこでは，基準または目標として予算や標準原価を設定し，それらと実績との差異分析を通じて得られる財務情報を用いて，分権的組織の統制を行います。

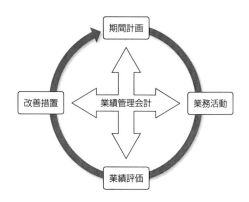

期間計画

業績管理会計

改善措置

業務活動

業績評価

関連項目➡ 業績評価（p.103），計画会計（p.84），原価差異分析
（p.131），責任会計（p.92），ゼロベース予算（p.107），
統制会計（p.85），非財務情報（p.92），標準原価計
算（p.134），予定原価（p.99），利益計画（p.99）

計画会計（accounting for planning）

　　経営管理の活動内容は一般に，計画，組織化，指揮，調整，統
制などの諸要素からなると考えられています。これらのうち，管
理会計は主に「計画」と「統制」に役立つ情報を提供しますが，
計画を立案し設定する際に役立つ情報を提供することを目的とす
る会計を計画会計といいます。

　　計画とは，物事を行う前に，なぜ，何を，いつ，どこで，誰が，
どのようにして，行うかを決めることです。企業における計画に
は，個別計画と期間計画という性質の異なる２つの計画があり，
それらの計画に合った異なる会計情報を必要とします。

　　個別計画は，ある特定の問題に対処するための最善策を複数の
代替案の中から一つ選択するという意思決定プロセスを経て策定
される計画です。たとえば，設備投資計画，研究開発計画，海外
進出計画などの経営構造の変革をともなうような個別プロジェク

トや，新規注文の引受け，部品の自製または外注，一部品種の生産・販売の中止などの業務執行上の決定があげられます。策定された個別計画は順次，期間計画へと組込まれます。

期間計画は，特定の期間について，企業の各部署（業務部門など）における業務活動を組織的に総合し，企業全体としてまとめ上げた計画です。たとえば，長期・中期・短期の経営計画，利益計画，予算などがあげられます。

(重要ポイント)

計画会計は通常，会計制度には組み入れられず，経営管理者がある特定の問題に直面した場合に臨時的に行われます。そこでは，将来において，ある案を実行する場合に期待される数値と他の案を実行する場合に期待される数値とを比較して，その差異を計算し分析することが中心となります。

関連項目➡ 意思決定会計（p.82），業績管理会計（p.83），統制会計（p.85），利益計画（p.99）

(統制会計（accounting for control / control accounting）)

経営管理の活動内容は一般に，計画，組織化，指揮，調整，統制などの諸要素からなると考えられています。これらのうち，管理会計は主に「計画」と「統制」に役立つ情報を提供しますが，統制を行う際に役立つ情報を提供することを目的とする会計を統制会計といいます。

統制とは，多人数による諸活動が基準または目標から逸脱しないよう監視・是正することです。統制における基準または目標は通常，期間計画によって与えられ，それに基づく統制のプロセスは一般に，次のようなステップからなります。

①達成すべき基準または目標の設定。
②基準または目標の達成を目指した活動の指導・規制。
③基準または目標と活動実績との比較による差異の把握と原因の分析。

④③に基づいた必要な改善措置。

⑤③に基づいたより適切な基準または目標の設定。

統制会計は通常，会計制度に組み入れられ，毎期継続して経常的に行われます。そこでは，基準または目標の数値と実績の数値とを比較して，その差異を計算し分析すること（上記のステップ③）が中心となります。

関連項目➡ 計画会計（p.84），業績管理会計（p.83）

原価には，原価計算制度における原価と特殊原価調査における原価とがあります。

原価計算制度における原価とは，「経営における一定の給付にかかわらせて，は握された財貨又は用役（以下これを「財貨」という）の消費を貨幣価値的に表したもの」（「原価計算基準」3）をいいます。このような原価の基本的要件として，次の4つがあります。

①有形・無形の財貨が有する経済価値の消費であること。

②その経済価値の消費が，経営活動の結果として新たに作り出された財貨である一定の最終給付（製品やサービス）や中間給付（半製品，仕掛品など）に転嫁したとして把握されたものであること。

③その経済価値の消費が，財貨を生産し販売するという経営目的に関連したものであること。

④その経済価値の消費が，正常な経営活動によるものであること。

原価計算制度における原価には，消費量および価格の算定基準の相違による実際原価と標準原価，期間損益計算における収益との対応関係の相違による製品原価と期間原価，一定の給付に集計される原価の範囲の相違による全部原価と部分原価などが含まれ

ます。

　他方，特殊原価調査における原価とは，経営における意思決定に関連して将来変化する（または変化しない）原価をいい，特殊原価とよばれます。特殊原価概念には，差額原価，埋没原価，機会原価などが含まれます。

重要ポイント

　原価はさまざまな要素から構成されます。それらの各要素は原価要素とよばれ，ある観点から分類されたものです。原価計算制度における原価は，下表の原価要素から構成されます。

分類の観点	総　原　価			
活動領域	製造原価		販　売　費	一般管理費
製品との関連	製造直接費 直接材料費 直接労務費 直接経費	製造間接費 間接材料費 間接労務費 間接経費	販売直接費	販売間接費	間　接　費
発生形態	材　料　費	給料，賃金，消耗品費，減価償却費，賃借料，保			
	労　務　費	険料，修繕料，電力料，租税公課，運賃，保管料，			
	経　　　費	旅費交通費，通信費，広告費など			

　また，この他にも機能，操業度との関連，原価の管理可能性といった観点からの分類があります。

分　類　の　観　点		原　価　要　素	
機能	材　料　費	主要材料費，修繕材料費，試験研究材料費など	
	労　務　費	作業種類別直接賃金，間接作業賃金，手待賃金など	
	経　　　費	動力用電力料，照明用電力料，冷暖房用電力料など	
操業度の関連	変　動　費	固　定　費	準変動費　準固定費
原価の管理可能性	管　理　可　能　費		管　理　不　能　費

関連項目➡　機会原価（p.163），原価計算（p.88），原価の固変分解（p.93），差額原価（p.165），実際原価計算（p.133），製造間接費（p.97），製品原価（p.98），全部原価計算（p.136），販売費及び一般管理費（p.54），

標準原価計算（p.134），部分原価計算（p.137），埋没原価（p.164）

原価計算は，文字どおり，原価を計算することです。ただし，計算する原価が原価計算制度における原価か特殊原価調査における原価かによって，その内容は異なります。

原価計算制度は，「財務諸表の作成，原価管理，予算統制等の異なる目的が重点の相違はあるが相ともに達成されるべき一定の計算秩序」であり，「財務会計機構と有機的に結びつき常時継続的に行われる計算体系」です（「原価計算基準」2）。

他方，特殊原価調査は，「経営の基本計画および予算編成における選択的事項の決定」のために，「財務会計機構のうち外において随時断片的に行われる原価の統計的，技術的計算ないし調査」です（「原価計算基準」2）。

原価計算を広義に捉えると，原価計算制度と特殊原価調査の双方の内容を含みますが，狭義に捉えると，原価計算制度のみの内容となります。ただし，今日，原価計算といえば，広義に捉えるのが一般的です。

原価計算制度には，大別して個別原価計算と総合原価計算があります。個別原価計算は一般に，顧客からの注文ごとに種類を異にする製品（受注品）を個別に生産する個別受注生産という生産形態に適用される原価計算をいいます。これに対して，総合原価計算は，標準規格の製品（標準規格品）を大量生産する市場見込生産という生産形態に適用される原価計算をいいます。

重要ポイント

原価計算制度において，原価計算は基本的に「費目別計算 → 部門別計算 → 製品別計算」という3段階の手続過程を経て行われます。ただし，工場の規模が小さく，製造工程における作業が単純な場合，第2段階の部門別計算は省略されることがあります。この手続過程を通じて，製品の製造のために実際にかかった原価である実

際原価が計算されます。

費目別計算は，一定期間における製造原価の原価要素を費目別に分類・集計する手続きです。この段階では，材料費（物品の消費によって発生する原価），労務費（労働力の消費によって発生する原価），経費（材料費，労務費以外の原価）が，発生形態別の分類を基礎として，製品との関連において直接費と間接費とに大別され集計されます。

部門別計算は，費目別に分類・集計された原価要素を原価部門ごとに分類・集計する手続きです。この段階では，製品原価をより正確に計算するためや原価管理をより有効にするために，原価の発生場所である部門（または工程）ごとに，製造間接費，加工費（直接労務費・製造間接費），またはすべての原価要素（直接材料費・直接労務費・製造間接費）が集計されます。

製品別計算は，原価要素を一定の製品単位に集計し，製品1単位あたりの製造原価を算定する手続きです。製品別計算は，受注品を対象とする個別原価計算と標準規格品を対象とする総合原価計算に大別されます。また，総合原価計算には，標準規格品を分類することによって，単一種類の製品を対象とする単純総合原価計算，異種の製品（組製品）を対象とする組別総合原価計算，同種であるが形状・大きさ・品位などにより等級を区別した製品（等級品）を対象とする等級別総合原価計算，同一の原材料から必然的に生産される異種の製品（連産品）を対象とする連産品の原価計算があります。さらに，部門別計算を行うか否かによって，個別原価計算は部門別個別原価計算に，総合原価計算は工程別総合原価計算に分類されます。

個別原価計算と総合原価計算の特徴を比較すると，次ページの表のようになります。

	個別原価計算	総合原価計算
生 産 形 態	個別受注生産	市場見込生産
原価の集計単位	製造指図書ごとに指示されている生産量	一原価計算期間における生産量
製 造 指 図 書	使用する 特定製品製造指図書	使用しないこともある 継続製造指図書
期末仕掛品の評価	完成品の製造原価の算定において特に重要でない	完成品の製造原価の算定において特に重要である
単 位 原 価	完成品の製造指図書に集計された製造原価の金額	一原価計算期間における完成品の製造原価を生産量で割った金額

関連項目➡ 活動基準原価計算（p.125），原価（p.86），実際原価計算（p.133），製造間接費（p.97），製品原価（p.98），全部原価計算（p.136），直接原価計算（p.138），標準原価計算（p.134），部分原価計算（p.137），見積原価計算（p.135），予定原価（p.99）

責任センター（responsibility center）

　　責任センターは，責任会計制度において設定される経営組織上の管理責任単位であり，責任中心点ともよばれます。責任センターには通常，その長として管理運営の権限と責任を委譲された１人の管理者が割り当てられ，分権的組織における業績の測定と評価が行われます。

（重要ポイント）

　　責任センターは，管理者に与えられた会計上の責任範囲によって，次の４つに区分されます。
　　①コスト・センター（原価センター，原価中心点）
　　　管理者が原価（または費用）の発生に対して責任をもつ組織単位。たとえば，製造部門，研究開発部門，一般管理部門など。

②レベニュー・センター（収益センター，収益中心点）
　　管理者が収益の実現に対して責任をもつ組織単位。たとえば，
　　販売部門など。
③プロフィット・センター（利益センター，利益中心点）
　　管理者が収益と費用の差額としての利益に対して責任をもつ組
　　織単位。たとえば，事業部制における各事業部など。
④インベストメント・センター（投資センター，投資中心点）
　　管理者が利益だけでなく投資に対しても責任をもつ組織単位。
　　たとえば，カンパニー制における各カンパニーなど。

関連項目➡　カンパニー制（p.111），業績管理会計（p.83），業績
**　　　　　　評価（p.103），事業部制組織（p.110），集権管理と**
**　　　　　　分権管理（p.104），責任会計（p.92）**

支出原価（outlay cost / out-of-pocket cost）

　　原価（または費用）には，現金の支出をともなうものとともな
わないものがあります。支出原価は，経営管理者によるある意思
決定の結果，その意思決定に関連して即座にまたは近い将来に現
金の支出が必要となる原価であり，現金支出原価ともよばれます。
たとえば，直接材料費などの変動費，保険料，固定資産税などが
あげられます。これに対して，減価償却費や機会原価などのよう
に現金の支出をともなわないものは，非現金支出原価とよばれます。

（重要ポイント）

　　支出原価は，意思決定会計において用いられる特殊原価概念の一
つです。意思決定の結果として現金の流出（キャッシュ・アウトフ
ロー）が生じるため，この原価概念は，短期的には運転資金管理に
おいて，長期的には設備投資などの経済性計算において，キャッ
シュ・フローに注目する場合に有用です。

関連項目➡　意思決定会計（p.82），原価（p.86），設備投資の経済
**　　　　　　性計算（p.166）**

責任会計 (responsibility accounting)

　　分権的組織を効率的・効果的に管理運営するために，責任会計制度が用いられます。責任会計制度は，経営組織上の管理責任単位である責任センターを識別し，それと会計システムとを結びつけることによって管理者の権限と責任を明確に規定し，業績を測定・評価する制度です。

重要ポイント

　責任会計制度では，管理可能性の原則が適用されます。管理可能性の原則とは，業績の測定・評価において，管理者は与えられた権限と責任の範囲内で管理可能な要素（重要な影響を及ぼすことができる要素）についてのみ責任を問われるというものです。各責任センターの管理者が主体的かつ意欲的な管理運営を行うよう動機づけるために，管理不能な要素は業績の測定・評価から除外されます。

関連項目➡　業績管理会計（p.83），標準原価計算（p.134），事業部制組織（p.110），集権管理と分権管理（p.104），責任センター（p.90）

非財務情報 (non-financial information)

　　企業などの組織体に関する情報には，財務情報と非財務情報があります。財務情報は財政状態，経営成績，キャッシュ・フローなどの情報を，非財務情報は経営戦略・経営課題，リスク，ガバナンス，社会・環境問題などの情報を意味します。

　　現在，国連加盟国において，持続可能な社会を実現するためのSDGs（sustainable development goals：持続可能な開発目標）を達成する取組みが進められる中で，財務業績だけでなくESG（environment, society, governance）にも配慮した企業経営が求められています。非財務情報は，企業の経営管理者がそのような社会の要請に応え，企業価値を向上させるために必要なものとして，近年，重要性が高まっています。

非財務情報は，財務情報を補完するものです。財務情報は経営活動の結果（成果）を伝達し，非財務情報は財務情報に影響を与える要因（課題や取組）を説明します。このように両者は相互に関係しているため，非財務情報は財務情報に結びついている必要があります。そこで，企業戦略や事業戦略などの経営戦略などによって財務業績がどのような状況になっているかをわかりやすく統合的に示し，企業評価や業績評価に役立てるために，組織外部の利害関係者用には統合報告書が，組織内部の利害関係者用にはBSC（バランスト・スコアカード）が開発されています。

関連項目➡ バランスト・スコアカード（p.120），企業戦略（p.101），企業評価（p.149），キャッシュ・フロー計算書（p.12），業績評価（p.103），事業戦略（p.101），損益計算書（p.11），貸借対照表（p.10）

原価の固変分解 (separating / estimating fixed and variable costs, cost estimation)

利益計画を策定する際には，収益に関して価格の設定や最適セールス・ミックスの決定を，費用に関して原価の予測を行う必要があります。そして，CVP分析を行って利益構造（利益が出る仕組み）を明らかにし，利益計画が利益をもたらすものにすることが重要です。この時，原価を操業度（または営業量）との関連において固定費と変動費に分けること，すなわち原価の固変分解によって，経営管理上の有用な情報が得られます。原価の固変分解は，利益計画の策定だけでなく，直接原価計算や差額原価収益分析など，さまざまな場面において必要とされます。

固定費は，生産設備などについて発生する原価です。たとえば，機械や建物の減価償却費や固定資産税などがあげられます。固定費は，操業度が変化しても総額において一定であるという性質をもち

管理会計

ます。他方，変動費は，製品やサービスを生産するために必要な原材料などについて発生する原価です。たとえば，直接材料費や出来高給による直接労務費などがあげられます。変動費は，操業度の変化に応じて総額において比例的に増減するという性質をもちます。

固定費（総額）と変動費（総額）を足すと，総原価になります。

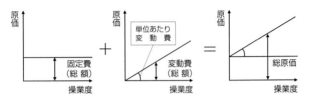

原価の固変分解を行うための代表的な方法には，次のようなものがあります。

①費目別精査法（勘定科目精査法，会計的方法）

勘定科目を精査し，各科目を固定費または変動費のどちらかに分類する方法。固定費総額は，固定費に分類された科目の合計額を計算し，単位あたり変動費は変動費に分類された科目の合計額を操業度で割って計算します。

②高低点法

複数期間の実績データから，最高操業度と最低操業度における原価データを見出し，それら2つのデータ間を通る直線の切片を固定費総額，傾きを単位あたり変動費とする方法。単位あたり変動費は，次式により計算します。

$$単位あたり変動費 = \frac{最高操業度における原価 - 最低操業度における原価}{最高操業度 - 最低操業度}$$

また，固定費総額は，最高操業度（または最低操業度）の原価から最高操業度（または最低操業度）における変動費総額（＝単位あたり変動費×操業度）を引いて計算します。

③スキャッター・チャート法（散布図法，ビジュアル・フィット法）

横軸を操業度，縦軸を原価としたグラフに実績データをプロット

し，それらのデータを代表するように目分量で引いた直線の切片を固定費総額，傾きを単位あたり変動費とする方法です。

④最小二乗法（回帰分析法）

誤差をともなう測定値（実績データ）について，誤差の二乗和が最小となるような直線（回帰直線）を求め，その切片を固定費総額，傾きを単位あたり変動費とする方法です。

⑤IE法（生産工学的方法）

工程における原価要素の投入量と製品の産出量との関係を工学的に調査・分析して原価関数を推定する方法です。

関連項目➡ CVP分析（p.148），原価（p.86），直接原価計算（p.138），利益計画（p.99）

スループット会計（throughput accounting）

スループット会計は，制約理論に基づく管理会計の手法であり，経営管理者が会社に潜む制約を識別し打破する継続的改善プロセスのサイクルを回す上で行う意思決定に有用な情報を提供することを目的としています。

制約理論では，従来の原価計算および原価管理（ABC，ABMを含む）は製品原価の低減に焦点を当て，会社を部分最適に陥らせるものであるとする否定的な見解に立ちます。そこで，スループットの増大・在庫の削減・業務費用の低減による収益性の向上に焦点を当て，会社を全体最適に導くスループット会計が展開されます。

スループット会計では，経営管理者の意思決定を支援するために，会計における従来の概念とは異なる「スループット」「在庫」「業務費用」という３つの指標を用います。スループットとは，会社が販売活動を通じてお金を生み出すレート（速度）であり，売上高から真の変動費（直接材料費など）を引いて計算されます。これは，新たに会社に流入してくるお金（キャッシュ・インフロー）を示します。在庫とは，販売を目的に購入した物品に投下したお金であり，原材料，部品，仕掛品，製品の在庫に含ま

れる真の変動費の金額を合計して計算されます。これは，在庫に姿を変え会社に滞留しているお金を示します。業務費用とは，在庫をスループットに変換するために費やすお金であり，真の変動費以外のすべての費用（直接労務費と製造間接費）の合計額として計算されます。これは，会社から流出していくお金（キャッシュ・アウトフロー）を示します。

　スループット会計において，利益はスループットから業務費用を引いて計算されます。この利益に対する在庫の割合は，キャッシュ・フローによる一種の投資利益率（return on investment）です。したがって，スループット会計が提供する3つの指標に関する情報を意思決定に活用することによって，経営管理者はスループットの増大と業務費用の低減による利益の増大および在庫の削減による投下資本の節約を図り，収益性を向上することができます。それと同時に，スループット会計の3つの指標はキャッシュ・フローをも示すことから，会社の存続に必要な資金管理にも役立ちます。

　このようなスループット会計については，直接原価計算やABC，ABMとの類似性または異質性が議論されています。

重要ポイント

　制約理論はイスラエルの物理学者であるゴールドラット（E. M. Goldratt）によって提唱された理論です。そこでは，どのような会社も相互に依存関係にある各要素が繋がりあった一つのシステムであるとみなされます。そして，そのようなシステムとしての会社の目的は，現在および将来にわたって儲け続けることとされ，淀みないキャッシュ・フローを継続的に生み出すことが会社の全体業績として重視されます。

　また制約理論では，システムの全体業績はシステムを構成するすべての要素の共同努力に依存すると考えます。そのため，システムの全体業績の向上を阻害する要素はすべてシステムの制約であり，絶えず生じる制約をいかに継続的に打破して行くかという継続的改善プロセスのサイクルに関する方法論が展開されます。

関連項目➡ 活動基準原価計算（p.125），原価計算（p.88），製造
間接費（p.97），直接原価計算（p.138），伝統的コス
ト・マネジメント（p.139）

製造間接費（indirect cost）

　製品を製造するために発生した原価である製造原価には，一定
単位の製品を製造するために発生したものであるとの関連性を直
接的に認識することが容易な製造直接費と，直接的に認識するこ
とが困難な製造間接費があります。製造間接費は，数種類の製品
に共通して発生し，どの製品にいくらかかったのかが不明または
不確かな原価です。このような原価は，材料費，労務費，経費の
それぞれについて存在するため，製造間接費は間接材料費，間接
労務費，間接経費から構成されます。ある特定の製品との関連性
を直接的に認識することが困難な製造間接費は，原価計算におけ
る配賦という手続きを通じて，その発生と相関関係を想定するこ
とができる何らかの基準にしたがい，各製品に配分されます。

管理会計

重要ポイント

　正確な製品原価の計算という経営管理上の重要な課題の解決にお
いて，製造間接費は常に障害となっています。製造間接費は，ある
特定の製品との関連性を直接的に認識することが困難なため，どう
しても恣意的に選択された基準を用いて配賦する必要があります。
　そのため，何を配賦基準にするかによって製品原価の金額が異な
る結果となってしまいます。伝統的には部門別計算（または工程別
計算）によって，近年では活動基準原価計算（ABC）によって，
より正確な製品原価の計算が図られてきましたが，いまだに正確な
製品原価の計算は実現されていません。また，製品原価を歪ませる
製造間接費の配賦を否定するものとして，スループット会計があり
ます。

関連項目➡ 活動基準原価計算（p.125），原価（p.86），原価計算
（p.88），製品原価（p.98），スループット会計（p.95）

VI　管理会計の基礎　97

　　原価は，期間損益計算における収益との対応関係の相違によって，製品原価と期間原価に分類されます。製品原価は，「一定単位の製品に集計された原価」（「原価計算基準」4（二））であり，製品の価額として資産に計上されます。その後，製品が販売された時に，売上高に対する売上原価として，その期間の費用となります。

　　製品原価は，全部原価計算と部分原価計算とで異なります。全部原価計算では，製品の製造のために発生した製造原価のすべてが製品に集計され，製品原価となります。これに対して，直接原価計算を典型とする部分原価計算では，製造原価のうち変動費に相当する原価のみが製品に集計され，製品原価となります。

重要ポイント

　　製品原価と製造原価は必ずしも同じであるとは限りません。原価は，一定の給付に集計される原価の範囲の相違によって，全部原価と部分原価に分類されます。一般に，一定単位の製品に製造原価のすべてを集計したものが全部原価であり，一部を集計したものが部分原価です。製品原価が全部原価である場合には，製品原価と製造原価の金額は同じです。しかし，製品原価が部分原価である場合には，製品原価と製造原価の金額は異なります。

　　直接原価計算では，製造原価のうち製品原価とはされない固定費に相当する原価は，期間原価として処理されます。すなわち，一定期間において発生した原価を製品に集計せずに直接その期間の収益に対応させ，発生額全額をその期間の費用とします。

関連項目➡　売上原価（p.52），売上高（p.52），原価（p.86），
　　　　　　　原価計算（p.88），全部原価計算（p.136），直接原価
　　　　　　　計算（p.138），部分原価計算（p.137）

予定原価（predetermined cost）

原価は，消費量に価格を掛けて計算します。その際に，実際の消費量や価格を用いるか，事前に計画した予定の消費量や価格を用いるかによって，実際原価と予定原価に分類されます。

予定原価は，「将来における財貨の予定消費量と予定価格とをもって計算した原価」（「原価計算基準」4（一）2）です。そのような予定原価には，標準原価計算における標準原価や見積原価計算における見積原価が含まれます。

重要ポイント

予定原価に対する実際原価は，「財貨の実際消費量をもって計算した原価」（「原価計算基準」4（一）1）です。したがって，価格を実際価格によって計算した原価だけが実際原価ではありません。価格が予定価格であっても消費量が実際消費量ならば，実際原価となります。

予定原価を用いると，実際原価との比較によって原価差異分析を行うことができるため，原価維持や原価改善などの原価管理に有用です。

関連項目➡ 原価（p.86），原価維持（p.130），原価改善（p.129），
原価差異分析（p.131），実際原価計算（p.133），標
準原価計算（p.134），見積原価計算（p.135）

利益計画

利益計画は，企業経営における企業の経営方針あるいは経営政策を具体化したもので，経営上，最も重要な計画の一つです。計画期間の獲得すべき目標利益を設定し，以下の式によって，予想売上高や許容費用を金額として決定します。

予想売上高－目標利益＝許容費用

今期の目標利益を資本回転率と売上高利益率（特に売上高利益率は損益分岐点分析に基づいて算定されます）から構成される資本利益率などを使用して決定し，予想売上高を前年の売上高などを参考にして想定して，許容費用を求めます。このように利益計画は，目標利益を達成するための具体的な予算を設定して，企業活動を管理する計画です。

重要ポイント

　利益計画の策定にあたっては，目標利益の設定が重要です。目標利益の設定にあたっては，その表示と算定が問題となります。目標利益の表示には，期間利益額を使用する方法と売上高利益率あるいは資本利益率を使用する方法があります。目標利益の算定にあたっては，過去の会計数値を利用する実績法と，売上高利益率と資本利益率の関係を示した公式によって求める方法があります。

　利益計画においては，一定期間の目標利益を軸として，その期間の収益・費用・利益の関係が検討されるので，直接原価計算が有効に機能することになります。直接原価計算を用いることによって，原価・操業度（売上高）・利益の関係を見つけ出し，これを利益計画に役立てることができます。

　さらに，利益計画は予算編成を含めたプロセスの中，以下のような手順で策定されることが重要です。

　①短期利益目標の設定。
　②利益目標達成のための大綱的利益計画の策定。
　③大綱的利益計画実施に必要な具体的実施方針を設定して，これを予算編成方針にまとめる。
　④予算編成方針に沿った部門予算の作成。
　⑤総合予算の作成。

関連項目➡　投資利益率（p.154），売上高利益率（p.156），直接原価計算（p.138），CVP分析（p.148）

企業戦略 (corporate strategy)

　　企業戦略とは，経営戦略の一つで，企業を取り巻く環境を考慮に入れた全社的な経営活動に関する戦略のことです。たとえば，変動する環境の中で何を行っていくのか，どのような事業を行うのか，複数の事業をもつのであるならばどのような組み合わせでもつのか，経営資源を事業部間でどのように配分するのか，調達・生産・販売などの職能のうちどこまで自社が行っていくかなど，企業の将来的な経営方針を決定することです。

（重要ポイント）

　　どのような企業構造で事業を行うかという企業戦略には，たとえば多角化戦略があります。多角化戦略は，新しい事業に進出し，複数の事業をもつことで事業分野に多様性をもたらす戦略のことです。多角化戦略をとる場合，既存の事業と新規事業との相乗効果であるシナジー効果が生じることがあります。シナジー効果には，販売ルートやブランドを共有することで生まれる販売シナジー，生産設備や技術を共通に使う生産シナジー，企業経営とノウハウが密接に関連しているマネジメントシナジーなどがあげられます。

関連項目➡　事業戦略（p.101），機能戦略（p.102）

事業戦略 (business strategy)

　　事業戦略は，策定された企業戦略を踏まえた，それぞれの事業についての戦略のことです。長期的な観点から，事業内でどのように資源を配分し，管理，運営をしていくのかということ，あるいはそれを決定することです。具体的には，戦略の策定と実行に責任をもつ戦略的事業単位（strategic business unit：SBU）の市場や製品の範囲を決定し，事業ごとの目的や目標の立案と達成の方針を立てることです。

管理会計

　事業戦略の策定においては，企業の内的な要因と外的な要因を考慮する必要があります。

　内的な要因の分析では，研究開発，マーケティング，生産，物流，財務などの自社の組織の強みと弱みを明確にすることで戦略策定に役立てます。外的な要因の分析では，経済状況の変化，競争状況の変化，サプライヤーの変化，社会的変化，政治的変化など外部環境における機会と脅威を評価することで戦略策定に役立てます。

関連項目➡　企業戦略（p.101），機能戦略（p.102），プロダクト・ポートフォリオ・マネジメント（p.167）

機能戦略 （functional strategy）

　機能戦略は，企業の機能あるいは職能（財務，人事，技術，購買，生産，販売，マーケティングなど）について策定される戦略のことです。たとえば，財務戦略は全社的見地から財務的資源を，どこからどのように調達し，どこへ配分するかであり，技術戦略はどのように市場のニーズに応じて製品やサービスを提供するかであり，生産戦略はどのようにして納期，品質，コストなどに関する目標を達成するかということです。

　機能戦略は，より上位の戦略である企業戦略や事業戦略が存在するため，上位の戦略から逸脱しないように調整しながら策定する必要があります。また，機能組織はそれぞれ専門的で特殊な活動を行っていますが，それぞれに相互関係があります。たとえば，購買活動と生産活動は，購買活動において調達された材料によって生産活動が行われるという側面から密接に関係しています。また，生産活動と販売活動は，生産された製品が販売されるという側面から密接に関係しています。このため，機能戦略は，バランスト・スコアカードや価値連鎖分析などの手法を用いながら各機能戦略間でも適切に調整する必要があります。

**関連項目➡ 企業戦略（p.101），価値連鎖（p.121），バランス
ト・スコアカード（p.120）**

業績評価（performance evaluation）

　業績評価とは，企業が利益を獲得するために，企業のもつ経済
資源が有効に活用されているかどうかを判断することです。たと
えば，工場全体を評価する基準としては，工場全体の製造原価，
生産量，生産性などがあげられます。工場内の作業場の評価基準
としては，仕損数，在庫削減率などがあげられます。このよう
に，評価の対象が変われば，それに対する基準も変化します。

　また，管理者や責任者の業績評価はその管理者や責任者のもつ
権限と責任に応じて行われます。たとえば，材料価格の急騰に
よって製造原価が上がってしまった場合，必ずしも工場長の責任
とはいえません。このような評価対象が影響を及ぼせない事柄
は，その管理者にとって管理不可能であり，管理不可能な事柄は
除外して評価しなければ，評価対象の業績や能力を正しく評価す
ることができません。

重要ポイント

　事業部の財務業績評価の場合，事業部の期間利益のみで業績を評
価すると，事業部の規模や使用した資本が考慮されず正しい業績や
能力が評価されません。そこで，投資利益率という手法を使うこと
で，絶対額ではなく割合（％）で評価することができます。投資利
益率は売上高利益率と資本回転率で構成されているため，投資効率
が判断できます。しかし，投資利益率による評価は，長期的な研究
開発への投資が積極的に行われない可能性があります。このような
投資利益率の欠点を克服した手法として，資本コストを考慮した残
余利益などの手法があげられます。

〈投資利益率〉

$$\text{投資利益率} : \frac{\text{利 益}}{\substack{\text{投資額} \\ \text{（使用資本）}}} \times 100 \ (\%) = \frac{\text{利 益}}{\text{売上高}} \times \frac{\text{売上高}}{\text{投資額}} \times 100 \ (\%)$$

売上高利益率　　資本回転率

〈残余利益〉

残余利益：管理可能利益 − 資本コスト

**関連項目➡ 業績管理会計（p.83），事業部制組織（p.110），イン
センティブシステム（p.109）**

集権管理と分権管理（centralization and decentralization）

　　集権管理は，単一あるいは少数の管理者で意思決定を行う管理
の方式です。集権管理では，１人あるいは少数の経営者に経営に
関する決定権があるため，意思決定が素早く行われるという利点
があります。

　　分権管理は，意思決定の権限が下層の管理者に委譲されている
管理の方式です。分権管理では，管理の単位が細分化されている
ため，集権管理と比較して現場の状況に合った意思決定をするこ
とができます。

重要ポイント

　　集権管理は，意思決定に関わる人数が少ないため，経営幹部候補
が育ちにくいということが考えられます。また，組織規模が大きく
なるにつれて管理者と現場とのコミュニケーションが十分に行われ
ず，現場の状況に合わない意思決定が行われる可能性があります。
このため，集権的な管理方式は，組織全体の意思決定は素早いが，
大規模な組織では現場の状況にあった意思決定をすることが難しい
という特徴があります。

　　分権管理は，意思決定の権限が下層の管理者に委譲されているた
め，現場の状況に合った意思決定がしやすいというメリットがありま
す。しかし，各管理単位が自らの利益を優先することで，他の管理単

位の活動を阻害したり，組織全体の方針や利益と合わない行動をとってしまうことがあると考えられます。このため，各管理単位の行動を上位の管理者が調整する必要があります。分権的な管理方式は，現場の状況にあった意思決定はしやすいが，各管理単位の行動が組織の全体最適となるように上位の管理者が調整をする必要があります。

関連項目➡　事業部制組織（p.110），職能部門別組織（p.114），
　　　　　　　　業績評価（p.103），業績管理会計（p.83）

内部統制（internal control）

　　内部統制は，事業経営の有効性と効率性を高めること，企業の財務報告の信頼性の確保，企業の財産の保全，事業経営に関する法規の遵守を促すことを目的とした企業内部に設けられる仕組みの総称です。たとえば，会計記録の正確性や会計処理の適否，不正・誤謬の存否を検討する会計監査は，内部統制の一つです。

　　現代の内部統制は，事業経営の有効性と効率性を高めること，企業の財務報告の信頼性を確保すること，企業の財産を保全することと，事業にかかわる法規の遵守を促すことを目的として，統制環境，リスク評価，統制活動，情報と伝達，モニタリング（監視活動）から構成されています。

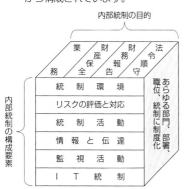

内部統制の目的

内部統制の構成要素

業務	財産保全	財務報告	法令順守	あらゆる部門、部署、職位、統制に制度化
統制環境				
リスクの評価と対応				
統制活動				
情報と伝達				
監視活動				
IT統制				

重要ポイント

　　内部統制の目的の一つが，事業経営の有効性と効率性を高めるという観点から，管理会計は内部統制の一部としてみることもできます。業績測定や業績評価の管理会計ツールの導入によって行われる活動の事前，期中，事後統制あるいは統制活動自体の監視活動は

内部統制の一種です。たとえば，予算管理における予算の目標値としての事前統制，予算のとおりに企業活動を行わせようとする期中統制，予算執行後の差異分析と改善を行う事後統制は内部統制としての側面をもっているといえます。

関連項目➡ 会計情報システム（p.152），業績管理会計（p.83），会計報告（p.2）

JIT（just-in-time）

　JITは，必要なものを，必要な時に，必要な量だけ作るというトヨタ生産方式における考え方の一つです。JITを実現することで，製品や部品に余分な在庫がなくなり在庫管理費が減少し，結果的に資本回転率を高めることができます。

（ 重要ポイント ）

　JITを実現するために，トヨタではかんばん方式とよばれる方法で生産が行われます。たとえば，部品やパーツを製造する機械加工ラインと部品やパーツを組立て製品にする組立ラインがある場合，通常，機械加工ラインで製造された部品やパーツを組立ラインに供給します。かんばん方式では部品の供給を以下の方式で行います。

　①組立ラインが機械加工ラインへ引取るべき品物の種類と量などが記された「引き取りかんばん」とよばれる札がついた部品を入れる箱をもっていきます。②機械加工ラインで引き取りかんばんと同数の部品の入った箱を受取り空箱と交換します。受取った部品の入った箱には機械加工ラインが生産すべき品物と量が記されている生産指示かんばんが付いており，この生産指示かんばんは部品置き場に残し，③引き取りかんばんと部品をもって組立てラインに帰ります。

　機械加工ラインに残った生産指示かんばんが引き取られた部品の数や種類を示しており，その後，残された生産指示かんばんにしたがって，機械加工ラインで部品の生産が行われます。こうすることで，次工程である組立ラインの需要を考慮して必要な分だけ部品やパーツを製造することができ，機械加工ラインでの作りすぎや不要

な在庫を防ぐことができます。

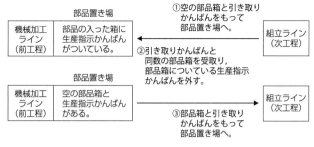

関連項目➡ 経済的発注点（p.161），経済的発注数量（p.160），
原価企画（p.128）

ゼロベース予算（zero-base budgeting）

　ゼロベース予算は，前年までの予算を白紙に戻し，企業の活動
を目的別のプログラムに分類し，プログラム別に予算を編成し，
支出を再評価する予算編成の方法です。

　通常の予算編成では広告費，交際費などの経費の予算はその効
果がわかりにくいため，一度予算に組み込まれると必要性が再検
討されずに，前年を踏襲して支出され続けて，効果的な資源配分
を妨げるという問題があります。そこで，ゼロベース予算では，
前年までの予算を踏襲するのではなく，すべての活動計画を新規
計画として，活動計画の正当性を検討します。

（ 重要ポイント ）

　ゼロベース予算による予算編成では，編成予算執行の責任者とな
る各管理者が，財源要求に必要な活動計画や活動水準などの情報を
記載したデシジョン・パッケージとよばれる書類を作成します。そ
して上位の管理者が各デシジョン・パッケージの順位付けをして，
承認か却下を決定します。

　ゼロベース予算は不必要な予算を削る機会を得るという利点はあ

りますが，欠点として通常の予算編成と比較して時間やコストがかかることがあげられます。このため，ゼロベース予算による予算編成は数年おきに実施するというような工夫が必要とされます。

ライン管理者		スタッフ部門		トップ・マネジメント		予 算担当者	
ZBBマネジャー	ZBB管理者	ZBB事務局	ZBB委員会	常務会	取締役会		
		方針案作成		方針発案	導入決定	予算編成	経常費用予算
				方針決定			
方針示達							
DP作成	DP評価	順位づけ	順位検討	順位決定			
		結果示達		DP採決			
DP実施	DP監督	監査・分析	業績評価	対策指示		予算実施	
改善		対策伝達					

ライン管理者		スタッフ部門		トップ・マネジメント		予 算担当者	
ZBBマネジャー	ZBB管理者	ZBB事務局	ZBB委員会	常務会	取締役会		
		原案作成		予算発案		予算編成	政策費用予算
			予算内示	予算承認	予算決定		
同右	同右	予算伝達					
稟議発議		検討	内示	稟議承認		予算実施	
DP実施	DP監督	監査・分析	業績評価	対策指示			
改善		対策伝達					

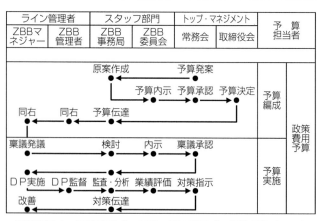

関連項目➡ 予算管理（p.117），販売費及び一般管理費（p.54）

インセンティブシステム (incentive system)

　　従業員に組織目的を達成するような行動をとらせるためには，インセンティブ（動機づけ）が必要です。従業員のモチベーションを高める要因はさまざまですが，企業では報酬に関する制度がインセンティブシステムの中心となります。

重要ポイント

　　日本の企業における伝統的な報酬制度に，年齢や勤続年数に応じて基本給が上昇する年功序列制があります。しかし，経済成長の鈍化や高齢化にともなう人件費の増大によって，管理職や専門職を対象とした年俸制を導入する企業も増えています。

　　年俸制は，業績給，成果給の一種で，能力や業績の達成度に応じて年間の給与の総額を１年単位で決定する制度です。年俸額は個々人との契約をベースにして各年度の目標や計画の達成度と次年度の目標や業務計画の内容や水準などを評価して決定されます。このような成果主義的な報酬制度では目標管理が重要になります。目標管理は組織目標と整合性のある個人目標を掲げ，企業にとって望ましい財務数値目標や予算を設定して，自らをコントロールする方法です。目標の設定に自ら参加し，その達成度が賞与や昇進に反映されることで，その達成に向けて積極的に努力するように動機づけられる制度です。

　　また，ストック・オプションも業績と連動した報酬のインセンティブシステムとされます。ストック・オプションとは自社株を決められた価格（権利行使価格）で一定期間内に購入できる権利（自社株購入権）です。株価が上昇し，権利行使価格を上回った場合，権利行使によって取得した自社株を売却することで，売却額と権利行使価格の差額を成功報酬として受取ることができます。ストック・オプションは手元に資金がなくても，株価上昇のために自社への貢献意欲を高めるという効果があります。

関連項目➡　業績評価（p.103），責任会計（p.92），責任センター（p.90）

管理会計

事業部制組織は製品，地域，顧客などの単位で分割された事業部を設定し，事業部ごとに製造や販売などの売上高に関わるライン部門と，本社とは別に会計や人事などのライン部門を支援するスタッフ部門を置く組織形態のことです。各事業部は独立採算的で，提供する製品やサービスの生産から販売だけでなく事業部全般の活動に責任を負っています。このため，製品の原価だけではなく売上高，さらには利益に責任があるプロフィット・センターとして，あるいは投資に関する権限と責任がある場合はインベストメント・センターとして位置づけられます。

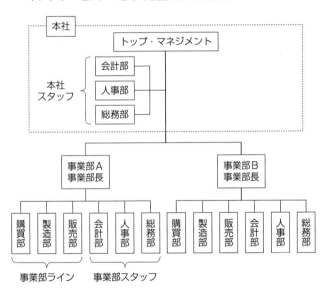

110

　事業部制組織では，事業に関する強い権限や責任が事業部に与えられます。このことから，事業部制組織には詳細な情報による適切で迅速な意思決定，管理者に権限と責任を与えることによる経営者の育成，事業部に関する意思決定を事業部に一任することでトップ・マネジメントが企業の戦略的意思決定に専念できること，事業部間の競争による企業の活性化，などの長所があります。

　ただし，事業部間が激しく競争することで，複合製品が生まれにくい可能性があること，事業部の利益を優先することにより全社的な利益を喪失する可能性があること，権限が重複した場合に生じる時間的・コスト的無駄の発生などの短所も考えられます。このため，トップ・マネジメントが全社的視点に立って各部門間を調整し，適切な責任会計制度を設定する必要があります。

関連項目➡　業績評価（p.103），職能部門別組織（p.114），セグ
　　　　　　　メント別損益計算書（p.114），内部振替価格（p.158），
　　　　　　　責任会計（p.92）

管
理
会
計

カンパニー制（in-house company system）

　カンパニー制は，企業内に製品別，顧客別，地域別などの特定の市場に対して責任をもつ独立性の高いカンパニーという事業単位を設ける管理方式です。

　カンパニー制ではプレジデントとよばれる管理者が置かれます。プレジデントは開発・生産・販売といった職能管理の権限だけでなく，投資の責任と権限も与えられています。また，各カンパニーは独立採算制で疑似的に設定された社内資本金が割振られ，一つの企業のように利益処分や利益留保が行われます。このため，損益計算書の数値だけでなく貸借対照表の数値にも責任があるといえます。

重要ポイント

カンパニー制は1994年にソニーが最初に採用した管理方式です

が，機能としては投資責任を負う事業部制とほぼ同じような内容です。

日本の企業が採用している事業部制の多くは，職能別事業部制です。職能別事業部制は，製造や製品開発を専門とする事業部や，販売やマーケティングを専門とする事業部が複数存在し，企業内で市場取引を行うように事業部間取引を行う日本型の事業部制です。職能別事業部制は，事業部間競争による刺激だけでなく，販売事業部が製造事業部の顧客であるために事業部に対する不満や提案，市場情報などが迅速に伝達されるというメリットがあります。

しかし，多角化の程度が高い場合，部門間機能の重複などの短所が強く現れてしまいます。このため，多角化の程度が高い企業では，カンパニー制のような事業部制に近い組織を取るほうが効率的です。カンパニー制は，1980年代に日本の企業が多角化を進めたことで日本型の事業部制のデメリットが強く出たために，誕生した組織形態といえます。

関連項目➡ 事業部制組織（p.110），職能部門別組織（p.114），責任会計（p.92）

フラット組織（flat organization）

大規模な組織では，部門，課，係など組織の管理単位が重層化しています。このような管理階層が重層化した組織をピラミッド組織とよびます。ピラミッド組織はトップ・マネジメントの政策に沿った各部門への命令や決定を現場レベルまで伝達しようとする組織です。

これに対して，フラット組織は中間層をできるだけ少なくした組織形態です。フラット組織では，比較的低階層に権限が与えられ，より顧客に近い現場で適切でスピーディな意思決定を行うことができます。管理者からの指示ではなく，組織構成員が自律性，自発性を発揮することで，素早く顧客ニーズを把握し，商品やサービスに反映することができます。

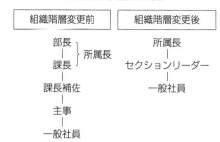

組織階層変更前後の比較

| 組織階層変更前 | 組織階層変更後 |

組織階層変更前：
部長
｜
課長 ＞所属長
｜
課長補佐
｜
主事
｜
一般社員

組織階層変更後：
所属長
｜
セクションリーダー
｜
一般社員

フラット組織では，組織構成員が自律性，自発性を発揮することが特徴となっているため，自律性，自発性をもつ組織構成員の育成をすることが必要になります。また，発揮される自律性，自発性は組織の方針や目標と合致したものでなければ，組織全体にとってマイナスになってしまいます。このため，フラット組織では価値観や目標を共有する仕組みが必要になります。

（重要ポイント）

組織が大きくなり，現場での判断を管理者が決定するまでに時間がかかっている場合，また，企業の拡大とともに役職が増え誰がどのような権限と責任をもっているのかを明確にする場合，組織長から組織メンバー間にあった5層の階層を，所属長，セクションリーダー，社員という3層構造へというようにフラット化します。

関連項目➡ 集権管理と分権管理（p.104），業績評価（p.103），
インセンティブシステム（p.109），責任会計（p.92）

管理会計

セグメント別損益計算書（segment income statement）

　　　セグメントとは事業の種類，製品，所在地，販売地域などの区分単位のことで，セグメントごとに，セグメント別損益計算書やキャッシュ・フロー計算書などを作成することで製品や事業の良否を判断します。事業部のセグメント別の損益計算書では，売上高から変動費を差引いた限界利益，貢献利益を計算する直接原価計算によって営業利益を計算します。

重要ポイント

　　本社費とは事業部を統括する本社での役員報酬，経理などの事務職員の給料などのことです。共通費とは事業部にまたがってサービスを提供するような中央研究所や福利施設の費用などのことです。これらの費用をそれぞれ事業部に配賦することで，会社全体の利益のうち，それぞれの事業部がいくら利益を上げたのか計算することができます。

　　しかし，本社費や共通費はそれぞれの事業部にとって管理不可能なコストであり，またどのような配賦基準を使うのかによって事業部の営業利益が変わってきます。このため，事業部がどれくらい利益を上げる能力があるのか，会社全体の利益にどれだけ貢献したのかということは貢献利益によって判断したほうがよいといえます。

関連項目➡　事業部制組織（p.110），業績管理会計（p.83），直接原価計算（p.138）

職能部門別組織（departmentalized organization）

　　　職能部門別組織は，購買，製造，販売，財務などの職能を基準にして部門を形成する組織形態です。トップ・マネジメントは，購買，製造や販売などのライン部門と会計，人事，総務などのスタッフ部門を管理します。

重要ポイント

職能部門別組織では事業部制組織と比較して，製造，販売，会計，

人事などの各部門の責任者が特定の職能に専念することで専門的な知識や技術を活用できること，人事や会計などのスタッフ部門が一つであるため共通費や管理費が節約できること，という長所があげられます。また，事業規模が小さく事業数が少ない場合において，トップ・マネジメントの能力が優れていれば，迅速で正確な意思決定が可能になるという中央集権的な管理の利点が活きてきます。

ただし，人事や経理などスタッフ部門の業績評価の基準が難しいこと，製造部長の責任が製品製造にあり販売部長の責任が製品販売にあるときに各製品の損益に対する責任が曖昧になること，企業の全体的，総合的観点から経営戦略や計画を立てる経営者としての職能が少ないため，経営者としての能力をもった人材が育ちにくいという短所があります。また，事業規模が大きく，事業数が多い場合，意思決定の事項が多くなり意思決定のスピードが遅くなったり，現場の状況に合わない意思決定をする可能性があります。

関連項目➡　業績評価（p.103），事業部制組織（p.110），責任会計（p.92）

競争優位（competitive advantage）

競争優位は他社との競争において優位に立つことです。競争優位の基本的なタイプには低コストと差別化があり，この2つを狭いターゲットに絞って行う集中戦略があります。

コスト・リーダーシップ戦略は，競争相手と同等の価格と品質で競争相手より低コストを実現することで競争優位を確立する戦略です。その方法としては，たとえば，規模の経済の追求や工場での製造効率の向上，低コスト向きの設計などがあります。

差別化戦略は，品質，耐久性，アフターサービスなどの顧客が重視するなんらかの要素を満たした製品やサービスを提供することが，自社以外にはないという体制をつくる戦略です。

集中戦略はターゲットとして絞り込んだ特定の製品・サービス市場，顧客層に対してコスト・リーダーシップか差別化を行い，業界全体ではなく，ターゲットの範囲で競争優位を得る戦略です。

３つの基本戦略

競争優位

	他社より低いコスト	差別化
広いターゲット	1. コスト・リーダーシップ	2. 差別化
狭いターゲット	3Ａ. コスト集中	3Ｂ. 差別化集中

（左側縦書き：戦略ターゲットの幅）

（重要ポイント）

基本戦略においてコスト・リーダーシップ戦略をとるのか，差別化戦略をとるのかによって，異なるコスト管理，コスト分析が必要となります。このため管理会計システムも基本的な戦略を反映する必要があります。

異なる戦略と異なるコスト管理

	製品差別化戦略	コスト・リーダーシップ戦略
製造コスト効率の役割	重要ではない	重要である
製造コスト管理のための柔軟な予算管理	普通〜低い	高い〜非常に高い
予算を守ることの重要性	普通〜低い	高い〜非常に高い
マーケティング・コスト分析	重要成功要因	通常公式的には行われない
価格決定要素としての製造コストの重要性	低い	高い
競合製品のコスト分析の重要性	低い	高い

関連項目➡ 価値連鎖（p.121），事業戦略（p.101），価値分析（p.123）

　　予算管理は，予算の編成を行い，編成された予算に基づいて企
業活動全体を統制する管理手法です。予算管理には，計画機能，
調整機能，統制機能があります。

　　計画機能は，予算を編成することで全社的な総合的観点から作
られた利益計画目標を達成するために，部門ごとに会計数値とし
て具体化する機能です。

　　調整機能は，全社的な利益計画と部門予算をすり合わせて整合
性のとれたものにする機能と，購買，製造，販売，財務などの部
門間予算をすり合わせて整合性のとれたものにする機能です。

　　統制機能には，業績評価に用いられる予算数値を事前に提示す
ることで，管理者が予算を達成しようと動機づけられる事前統
制，予算の執行期間中に，管理者が権限の範囲で予算どおりの活
動を部門にとらせようとする期中統制，予算期間の終了後に，予
算と実績の差異の原因を突き止め，その差異の改善を行う事後統
制という 3 つの機能があります。

重要ポイント

　　予算編成において，どのようにして予算を編成するのかによっ
て，トップ・マネジメントや予算を執行する下位の管理者や現場に
与える影響が異なります。

　　予算がトップ・マネジメントの意見のみで編成され，各部門に強
制的に押し付ける方法をトップダウン予算あるいは天下り型予算と
いいます。トップダウン予算は，利益計画を作成するトップ・マネ
ジメントの意思を下位の管理者に素早く伝達できますが，予算を執
行する現場の状況や従業員の意見が無視されることが多く，各部門
にトップ・マネジメントに対する不信感や不満が生じることがあり
ます。

　　これに対して，下位の管理者主体に編成される部門予算を総合し
て全体の予算を編成する方法をボトムアップ予算あるいは積み上げ
型予算といいます。ボトムアップ予算は，現場の状況にあった予算
を編成することができますが，利益計画との整合性がなく効率的な

管
理
会
計

資源配分がなされず，トップ・マネジメントの意向が反映されないおそれがあります。

　多くの場合，予算編成は全社的な利益計画に基づき，その範囲で現場管理者によって作成され，予算編成を担当する予算課がトップ・マネジメントとの間に立って利益計画と現場の意向の調整をする折衷式で編成されます。

関連項目➡　業績評価（p.103），業績管理会計（p.83），責任会計（p.92）

アメーバ経営（amoeba system）

　アメーバ経営は，京セラで行われてきた経営手法で，会社の中にアメーバとよばれる数名から50名程度で構成される小規模なプロフィット・センターを作って経営を行う小集団部門別採算制度です。

　アメーバ経営では製造部門における工程別，小工程別を一つの町工場にみたてて，プロフィット・センターとして権限と責任を委譲して，リーダーを中心に少人数で経営を行うことで，従業員の自律性を高め，経営者意識をもつ人材を育てることができます。

　また，製造ラインの前工程のアメーバが次工程のアメーバに中間生産物を流す場合でも，アメーバ同士の商談によって決まった価格で社内売買されます。さらに，販売側にも購入側にも社外取引が認められているため，販売側は他社のサプライヤーよりも品質のよいものを安く提供しようとし，購入側は他社と比較しより良い方を購入しようとします。このため，社内売買の価格は市価が反映されやすく，アメーバは市場競争に晒され，競争意識を強くもつことになります。

　アメーバ経営では多くのアメーバが存在するため，アメーバ単体の行動が会社の全体最適とならないことが考えられます。各アメーバが部分最適にならないようにするために，アメーバの組織メンバーが遵守すべき基本的な考え方やリーダーが判断を下す際の基準など，一定のルールの共有が組織運営に必要になります。

京セラの場合，これは京セラフィロソフィとして示されています。京セラフィロソフィでは「売り上げを極大に，経費を極小に」，「値決めは経営である」など経営の基本や「夢を描く」，「利他の心を判断基準にする」などのあるべき姿勢が説かれています。

重要ポイント

　アメーバの業績測定は労働1時間あたりの付加価値である「時間当り採算」という指標が用いられます。以下の表では，アメーバAからアメーバBへ社内売りがされています。製造アメーバの場合，次工程への製品の総出荷額から人件費以外のすべての経費を差引いた利益額を総労働時間で除することで時間当たり採算が計算されます。業績評価において利益額より時間当たり採算を重視することで組織の規模の影響を受けずアメーバの比較が可能になり，アメーバのリーダーやメンバーは時間当たり採算の目標や実績を意識するようになります。

製造アメーバにおける時間当り採算の例

（単位：万円）

	製造アメーバA	製造アメーバB
総出荷（社内売）	400	800
社内買	0	400
総生産	400	400
諸経費	200	100
アメーバの利益	200	300
総時間	2,000時間	2,500時間
当月時間当たり	1,000円/時	1,200円/時

関連項目➡　業績評価（p.103），事業部制組織（p.110），責任会計（p.92），責任センター（p.90）

バランスト・スコアカード（以下BSC）は，トップ・マネジメントが提示するビジョンや戦略を達成するために，財務の視点だけでなく，顧客の視点，内部業務プロセスの視点，学習と成長の視点から成功要因を示し，成功要因と因果関係のある成果指標を検討して，業績評価や業務管理に結び付ける手法です。

財務の視点では，株主や投資家が財務的な成果として何を期待しているかという視点から検討し，数値目標に置き換えます。たとえば，戦略を達成するために資産効率の改善という成功要因が示された場合，資本利益率が成果指標として考えられ，その目標値が設定されます。

顧客の視点では，戦略を達成するために，顧客に対して何をなすべきかを検討します。たとえば，顧客数の増加が成功要因として示された場合，新規顧客獲得率が成果指標とされることが考えられ，その目標値が設定されます。さらに，新規顧客獲得率を高めるために，製品の情報発信が重要であるという分析がされると，情報発信回数や見本品の提供件数を増やすことが計画されると考えられます。

内部業務プロセスの視点では，戦略を達成するために，企業内の業務プロセスをどのように改善するかを検討します。たとえば，製造部門において，品質水準の向上が成功要因として示された場合，不良品出荷率が成果指標として示されると考えられ，その目標値が設定されます。さらに不良品出荷率を減らすために，品質検査が重要であると分析されると検査回数を増やす計画がされると考えられます。

学習と成長の視点では，戦略を達成するために，従業員のどのような能力を高めるのかを検討します。たとえば，製品開発能力の向上が成功要因として示される場合，製品開発に関するセミナーや研修の受講回数などが成果指標とされることが考えられます。

重要ポイント

BSCの特徴は，戦略達成のための評価に財務的視点だけでなく非財

務的視点が組み込まれていることです。財務的視点は経済的な成果を示し、非財務的視点は、将来の財務的成果を高める可能性がある活動を示します。BSCでは戦略を達成するための財務的な成果と、財務的な成果の達成と関係のある活動の両方が評価の対象になります。

また、BSCは、業績評価の手法としてだけでなく、戦略を成功要因、成功指標、行動計画まで落とし込み、従業員に戦略遂行を達成するための目標、目標値や目標値を達成するための行動を示すことから、戦略遂行のマネジメント・システムとしての機能があります。

関連項目➡ 企業戦略（p.101）、事業戦略（p.101）、機能戦略（p.102）、業績評価（p.103）、価値連鎖（p.121）

価値連鎖（value chain）

企業は設計、購買、製造、販売、流通などさまざまな活動を行う集合体であり、これらの活動が行われることで製品やサービスが生み出されます。個々の活動の結果は他の活動に影響を及ぼすため、それぞれの活動がどのようにつながるのかによって製品やサービスの価値が決まってきます。このつながりのことを価値連鎖とよびます。

重要ポイント

価値連鎖における活動は、主活動と支援活動に分けられます。主活動は製品やサービスを生みだして販売する活動のことで、支援活動は主活動以外の全社的機能を果たすことで主活動をサポートする活動のことです。

主活動と支援活動は、相互に依存しており、ある活動と別の活動のコストや成果は関連性があります。この関連性を連結関係とよびます。たとえば、製品設計によって製造コストが左右されたり、調達する材料の良し悪しで製品コストや品質に影響を与えるということです。このような活動間の連結関係を調整、最適化することで低コストや高品質を生み出すことができます。

また，企業内だけでなく価値システムの中の企業間にも連結関係があります。企業間での連結関係は垂直連結とよばれ，企業内の連結関係と同様に調整し最適化することで低コストや高品質を生み出すことができます。

価値連鎖の基本形

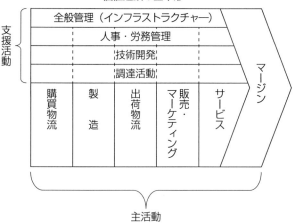

価値システム

関連項目➡　**機能戦略**（p.102），**競争優位**（p.115），**バランスト・
スコアカード**（p.120），**価値分析**（p.123）

価値分析（value analysis / value engineering）

　　価値分析は，IE（industrial engineering）やQM（quality management）と並ぶ代表的な管理技法で，一定の品質を有する製品を最低限の原価で製造するための技法です。したがって，価値分析は，あくまでも一定の品質を保持することが大前提で，その枠内で製造原価の低減を図るため，品質が下がってしまえば，いくら製造原価を低減できたとしても価値分析とはなりません。価値分析は，一般的に，VA，VEと略記して使われることが多いです。VAは，民間企業で多く採用され，アメリカ国防総省も国防費の削減にVAを採用しようとしました。その際，アメリカ国防総省では，その方法をVEとしたため，本来は同一の方法に2つの名称が付いています。

　　日本VE協会は，VEとは最低の総コストである，ライフサイクルコスト（開発設計費や製造原価，販売費や使用コスト，廃棄コストなど）を意味しており，必要な機能を確実に達成するため，組織的に製品またはサービスの機能の研究を行う方法であると定義しています。VAは，1949年頃，アメリカのGE社で開発された技法で，機能とコストの関係で価値を捉え，これを向上させようとする方法です。

　　厳密に区分すると，製造段階に入った製品に適用するのがVAで，開発設計段階で適用するのがVEですが，区分して使用することに実益はありません。

管理会計

重要ポイント

　　価値分析（VE・VA）の特徴は，価値を機能とコストの比（価値＝機能／コスト）で捉え，機能分析を徹底的に行うことで，機能とコストの割合，つまり価値を向上させることです。価値分析（VE・VA）は，単なる原価低減のツールではなく，価値向上を目指した技法です。また，価値分析（VE・VA）の対象は，製品だけでなく，サービス業務や新製品，ソフトウェアの開発業務，プロ

ジェクト管理業務への適用も可能であるため，企業の体質改善の有効な方法論となりました。

　日本に導入されたのは1960年で，資材費の原価低減技法として活用されましたが，その後，適用対象の拡大と技法開発が進み，製品やサービスなどの価値向上の考え方や技法として定着することとなり，原価企画にも用いられています。

関連項目➡　原価企画（p.128），原価改善（p.129），価値連鎖（p.121），ライフサイクルコスティング（p.127），伝統的コスト・マネジメント（p.139），品質原価計算（p.125）

価値連鎖概念（value-chain concept）

　価値連鎖概念とは，戦略的コスト・マネジメントにおける基礎概念のことであり，企業内の活動だけでなく，原材料の入手から最終消費者の手に製品やサービスが渡るまでの企業外の活動のつながりも視野に入れてコスト引き下げを行うための概念です。

(重要ポイント)

　経営戦略を形成するにあたって，企業内外の環境分析を行って，自社の強みと弱み，自社にとっての機会，脅威を把握します。そして，顧客のニーズ，競合他社の戦略などとの関係から自社の相対的位置づけを確認します。このように，企業内の環境だけでなく，企業外の環境も視野に入れて，コスト・マネジメントを行うためには，企業内外の価値連鎖を念頭に置くことが重要となります。

関連項目➡　価値分析（p.123），バランスト・スコアカード（p.120），原価企画（p.128），活動基準原価計算（p.125），品質原価計算（p.125）

活動基準原価計算 （activity based costing）

　　活動基準原価計算（ABC）は，多品種少量生産が一般化すると複雑な工程の管理に必要な製造間接費の配賦基準が求められます。伝統的な全部原価計算では，製品別に製造間接費の配賦が行われるため，操業度関連の配賦基準が用いられます。これに対して活動基準原価計算では，製造間接費の発生原因となるコスト・ドライバーを分析して，コスト・ドライバーを配賦基準として採用するところに特徴があります。活動基準原価計算では，製造間接費の配賦を活動別に行い，さらに製品別に配賦するといった2段階の配賦計算を行います。この時の2段階目の配賦計算において，活動の水準を決定するコスト・ドライバーである活動ドライバーが配賦基準となります。

重要ポイント

　　全部原価計算への批判として登場した活動基準原価計算は，伝統的な全部原価計算より，原価計算が精緻な製品原価計算が行われるといえます。しかし，原価計算が精緻化しても，それだけでは経営管理に役立つかどうかはわかりません。そこで，活動基準原価計算システムから獲得できる情報を利用して，コスト・マネジメントを行うアクティビティ・ベースト・マネジメント（ABM）やこれを予算管理に利用した活動基準予算（ABB）が注目されています。

関連項目➡　**全部原価計算**（p.136），**伝統的コスト・マネジメント**（p.139），**ゼロベース予算**（p.107），**戦略的コスト・マネジメント**（p.140）

品質原価計算 （quality costing）

　　資本主義経済下の市場における競争優位は，価格と品質に影響を受けます。ただし，企業が品質を向上させ維持するためには，多額のコストが必要になります。そこで品質管理のためのコストを管理，統制することが重要となります。品質改善および品質管理に関するコストを測定し，分類し，集計し報告する計算が，品

質原価計算です。企業内の品質管理活動に関するコストを品質コストといいます。品質コストは，予防コスト（prevention cost），評価コスト（appraisal cost），失敗コスト（failure cost）に分類され，集計されます。この方法が，頭文字をとって，PAFアプローチといわれる方法です。

重要ポイント

PAFアプローチでは，予防コストと評価コストは，企業経営者によって管理が可能なコストであり，自発的原価とされています。失敗コストは，内部失敗コストと外部失敗コストに分類され，企業経営者によって管理が不可能なコストであり，PAFアプローチでは，非自発的コストとして把握されます。PAFアプローチは，一種の投資である自発的コストを算定して，その結果として発生する非自発的コストを測定することによって，品質とコストを管理する方法です。つまり，管理可能費の管理によって，管理不能費を管理することができると考えられています。この場合，予防コストおよび評価コストと失敗コストは，トレード・オフの関係にあるとされています。

PAFアプローチは，さまざまな支出に対する相対的な妥当性を与え，その支出が品質に関連するかどうかの判断基準を提供することができる方法であるため，企業に広く採用されています。しかしながら，品質原価計算は，企業環境に左右されるため，その設計や実施は困難です。品質原価計算は，技術的・機能的限界がありますが，コスト間のトレード・オフや管理不能費に対する対応など，戦略的コスト・マネジメントとしての基本的な思考をもつ技法です。

関連項目➡ **活動基準原価計算（p.125），戦略的コスト・マネジメント（p.140），環境会計（p.162）**

ライフサイクルコスティング（life-cycle costing）

　　企業が持続可能な成長をするためには，製品だけでなく，製造プロセスおよびロジスティクスのライフサイクルの設計が重要であり，それら全般にわたるコストの管理は不可欠となります。ライフサイクルコスティングは，ライフサイクルコストを測定し，分析するための計算方法です。

重要ポイント

　　消費者のニーズが多様化していくと，企業は短期間のうちに新製品を開発し，新製品を市場へ提供することになります。これにともなって，製品のライフサイクルは，年々，短縮していきました。このような市場において，企業が競争優位を持続するためには，自社システムの価値連鎖分析だけでなく，サプライ・チェーン（外部の資材供給業者や流通チャネルの連鎖）についての分析や消費者の意識変化などの分析が必要になります。

　　企業内の活動に関するコストの分析方法は，原価企画やVE，ABCや物流原価計算や環境原価計算などを使って分析します。サプライ・チェーンに関しては，ライフサイクルコストの分析が重要となります。ライフサイクルコストは，顧客が負担する製品購入コストと使用段階で発生するコストの合計額です。このうち，購入後のコスト負荷の小さな製品や安全性の高い製品，また環境保護に配慮した素材を使った製品や廃棄時の安全性やリサイクルの可能性が高い製品の開発を進めることが，企業にとっての課題となります。このような状況下では，これらの課題に対処できる企業が，競争優位性を有することになります。ライフサイクルコスティングは，これらの課題分析に有効な対処法です。

関連項目➡　戦略的コスト・マネジメント（p.140），原価企画（p.128），環境会計（p.162），活動基準原価計算（p.125）

原価企画は，新製品の目標利益を達成するために，開発・設計段階で目標原価を設定し，これを達成する活動のことを指し，トヨタ自動車が開発しました。原価企画は，戦略的コスト・マネジメントのツールですが，開発・設計部門が中心となって遂行されます。また，商品企画，部品調達，設備投資や製造などさまざまな部門が関係する全社的利益管理活動です。原価企画では，新製品別利益計画における許容原価となる目標原価と，新製品の企画開発設計における見積原価を算定し，その両者を原価比較した際に出た差額を，設計の見直しやVE活動により，見積原価を目標原価に近づけることで，目標利益が達成可能となります。

重要ポイント

資本主義経済下での市場では，完全な独占はほとんど存在せず，競争状態にあります。ただし，市場において競争する企業が少なければ，当然，業界全体の利益率が上がるため，市場の寡占化が進みます。したがって，企業は，市場における競争優位性を確保することで非競争を目指し，これを企業戦略として，最大の利益を獲得しようと努めます。

競争優位性を確保する方法の一つに，差別化戦略があります。これは，顧客のニーズを満たし，競争企業との間に優位な差を作る競争戦略です。また，競争戦略は，製品ライフサイクル（導入期 → 成長期 → 成熟期 → 衰退期）の区分に対応して展開されます。導入期と成長期においては，成長戦略が推し進められ，成熟期と衰退期には，維持戦略 → 収穫戦略 → 撤退戦略といった戦略の転換が必要となります。

寡占企業は，このような競争の変化に対応するため，価格競争に対応可能な新製品を市場に頻繁に投入する必要があります。そこで，差別化戦略を遂行するためには，新製品開発における，コストダウンが重要となります。

企業の経営者は，競争優位性を確保するため，製品原価の引き下げの努力を重ねてきましたが，生産現場でのコストダウンが限界に達し，原価を引き下げる余地がほとんどなくなってしまいました。

そこで，製造原価の引き下げを製造現場ではなく，より上流の製造間接部門である新製品の企画・設計部門へ移行していきました。

原価企画の特徴として，新製品の企画開発設計における見積原価を利益計画から導き出される許容原価に合わせることで，試作品を作ることなく，目標利益を達成しうる原価を確実に回収できる計画を立てられることにあります。

関連項目➡ ライフサイクルコスティング（p.127），利益計画（p.99），原価維持（p.130），原価改善（p.129），価値連鎖（p.121），戦略的コスト・マネジメント（p.140），価値分析（p.123）

原価改善（cost improvement）

原価改善とは，現在生産している製品原価について現状の原価レベルを維持し，さらに，期待原価レベルまで計画的に引き下げる活動のことです。つまり，現行の製造環境を可能な限り変更して，実際原価を設定された標準原価よりもさらに削減しようとする活動のことです。原価改善の目的は，会計期間の目標利益（予算利益）と予想利益とのギャップを埋めるため，製造段階において，原価を断続的に低減させます。

重要ポイント

原価改善には，①期別に設定する工場別・部門別原価改善活動，②VAを中心とする特別プロジェクトとしての製品別原価改善活動があります。原価改善のシステムは，管理会計のシステムと，生産現場レベルの改善活動（JIT）ともに含んでいます。標準原価システムによる原価管理は，原価を維持させるため，標準原価に対し実際原価を合致させるためのコントロールであるのに対し，原価改善システムの場合は，標準原価以下に実際原価を低減させるために現行の製造条件を継続的に変更することで原価低減を行うシステムです。また，原価改善の対象は直接費と変動間接費なので，大量生産型の家電メーカーや自動車メーカーなどに成果が期待できます。

関連項目➡ 原価維持（p.130），価値分析（p.123），標準原価計算（p.134），活動基準原価計算（p.125），戦略的コスト・マネジメント（p.140）

原価維持（cost sustainment）

　　原価維持とは，生産開始前にあらかじめ設定した目標原価を，標準原価管理や予算管理によって，維持できるようにする活動です。標準原価を使った原価維持が，一般的です。

重要ポイント

　標準原価による原価維持は，事前に現在および将来の諸条件等を考慮して設定した標準原価を目標原価とし，生産終了後に確定する実際原価を目標原価に一致させるためのコストコントロールシステムのことです。これを実現させるためには，科学的，統計的データを用いて各原価要素に対して各種標準を設定し，これをコントロールツールとして利用します。さらに，生産開始前に設定した標準原価と生産終了後に確定した実際原価の間に生じる原価差異を比較・分析し，その原因を追及することで是正措置を講じ，原価差異を限りなくゼロに近づけます。

関連項目➡ 原価改善（p.129），標準原価計算（p.134），伝統的コスト・マネジメント（p.139）

　　原価差異分析は，標準原価を設定して行う標準原価管理の過程
で，生産開始前に設定された標準原価と生産終了後に確定した実
際原価を比較して原価差異の原因別に分析することです。原価差
異の分析は，原価管理スタッフによって，コストセンター（部門
管理者）別に行われます。原価管理スタッフは，適宜適切に分析
結果を原価責任者である，部門管理者へ報告します。報告を受け
た部門管理者は，差異の発生原因に対して是正措置を講じます。
原価差異の分析は，標準原価能率を維持管理していく上で，重要
なステップとなります。

重要ポイント

　　原価は消費量と消費価格の積であるため，原価差異は原則として
消費量差異と消費価格差異に分析できます。差異の分析方法には，
インプット法とアウトプット法があります。また，差異分析は，コ
ストセンターごとに製品別・期間別・費目別に行われます。差異分
析に用いる方法は，生産管理の方法あるいは原価要素の性質に応じ
て，適切な方法が選択されます。

　　インプット法とは，アウトプットのためにインプットされる資源
消費額に標準を設定し，これと実際消費額を比較することによって
原価差異を計算する方法です。インプット法では，投入数量差異と
投入価格差異を分析します。

　　アウトプット法は，一定の資源投入から期待されるアウトプット
について標準を設定し，これと実際アウトプットを比較して原価差
異を分析する方法です。アウトプット法では，まず，実際投入原価
額から期待される標準産出数量と実際投入数量から期待される標準
産出数量を求め，産出差異総額，産出数量差異，産出価格差異を求
めます。

**関連項目➡　標準原価計算（p.134），伝統的コスト・マネジメン
　　　　　　ト（p.139），実際原価計算（p.133）**

管
理
会
計

製品別原価計算 （product costing）

製品別原価計算は，製品を対象とする実際原価計算のことで，企業における生産活動の実績を対象とする原価計算のことです。通常，原価計算は，3つのステップ，形態別原価計算，部門別原価計算，製品別原価計算を経て計算します。製品別原価計算では，総製造原価を総生産量で除することで単位原価を求めることができます。

重要ポイント

製造原価の測定は，形態別原価計算，部門別原価計算，製品別原価計算という3つのステップを経て行われますが，第3ステップである製品別原価計算は，それが適用される生産形態に応じて，個別原価計算と総合原価計算に大別されます。個別原価計算は，個別受注生産形態に適用される計算で，特定の製品または製品群について，特定製造指図書が発行される場合に，製品原価を製造指図書別原価として測定する方法です。総合原価計算は，同種または多品種の製品を反復連続的に生産する生産形態に適用される計算で，1原価計算期間に発生した製造原価を，その期間に生産した各種の製品数量に対応させて，製品原価を測定する方法です。総合原価計算は，原価の集計単位が種類別製品の期間生産量であるところに特質があり，継続製造指図書に基づいて1原価計算期間に生産した各種の製品に対して，当該期間に発生した製造原価を一定のルールに基づいて負担させるという特徴をもっています。総合原価計算には，単純総合原価計算や工程別総合原価計算，等級別総合原価計算，組別総合原価計算，連産品原価計算などの計算方法があります。

関連項目➡ 実際原価計算（p.133），全部原価計算（p.136），原価計算（p.88）

実際原価計算は，企業活動の実績を測定する原価計算です。製品原価を測定するためには，3つのステップを経て計算します。まず原価要素別（費目別）に実際原価の発生額を計算し，次に原価部門別に計算し，最後に製品別に計算をして，単位原価を求めることができます。

重要ポイント

実際原価計算では，必要に応じて予定価格を用いて計算する場合もありますが，対象となる活動を表す消費量については実際消費量を用いるため，実際原価計算となります。実際原価計算で用いる実際原価は，生産終了後にしか確定しないため，目標値としては使えません。ただし，実際に発生した金額であるため，標準原価計算の差異分析を行う際には，比較の対象として絶対に必要なデータとなります。さらに，当該期の経営活動において発生した原価を計算する方法であるため，財務諸表を作成する，価格設定を行う，といった原価計算の目的を達成するためには，最適な計算方法となります。しかしながら，実際原価を使って製品価格の決定を行った場合，不況時には生産量が減少し，製品単位原価は高くなり，好況時には生産量が増加し，製品単位原価は低くなります。つまり，実際原価を使って製品単位原価を計算すれば，製品価格を引き下げる必要がある不況時には製品単位原価が高くなり，製品単位あたりの利益が減少するため，目標利益の達成のためには，販売量の増大が必須条件となります。逆に，製品価格の引き上げが容易な好況時には，製品単位原価が低くなるという矛盾が発生します。このような好不況の波は，資本主義経済では必然であり，経営者はこれに対応するために期間損益計算における利益の平準化を意図しなければなりません。このように，実際原価計算は，構造上，目標利益達成に対する予見が難しいといった残念な特徴があります。

関連項目➡ 全部原価計算（p.136），標準原価計算（p.134），製品別原価計算（p.132），見積原価計算（p.135），原価差異分析（p.131）

管理会計

標準原価計算は，財貨の消費量を科学的・統計的データに基づいて事前に規範性をもつ原価標準（製品単位あたりの標準原価）を原価項目別に設定し，これに基づいて能率の尺度となるような標準原価を計算し，生産終了後に確定した実際原価との差異を分析し，是正措置をとるための原価情報を提供する原価計算です。標準原価計算は，原価管理，予算管理，販売価格設定，棚卸資産評価，原価計算システムの迅速化などの機能を果たすことができます。

重要ポイント

生産活動における原価管理を遂行するためには，まずは標準原価計算を実施すべきです。生産開始前に標準原価を目標値として設定し，生産終了後に確定した実際原価との差異分析をすることで，生産活動におけるコストの無駄を排除することができます。その場合に使う標準原価は，現実的標準原価を当座標準原価の形で設定することが望ましいです。

標準原価計算は，実際原価計算の限界を克服するために開発された計算方法です。標準原価計算は，目標利益達成の予見が困難な実際原価計算の構造的な限界を克服するため開発されました。それまで実際原価が，実際に発生した原価として「真実の原価」といわれていましたが，実際原価計算の限界を克服した標準原価こそが「真実の原価」といわれるようになりました。

関連項目➡ 　実際原価計算（p.133），原価差異分析（p.131），原価維持（p.130），伝統的コスト・マネジメント（p.139），見積原価計算（p.135）

見積原価計算 (estimate costing)

見積原価計算は，過去の経験や知識ならびに将来の原価発生に関する諸情報に基づいて，製品やサービス等の原価を現時点での物価で計算したり，その原価の予測をしたりする計算方法です。

重要ポイント

見積原価計算は，古くから存在する原価計算です。見積原価計算や実際原価計算は，商的工業会計の機能的限界を克服するために生まれた計算です。商的工業会計とは，商業簿記の記録および計算方法をそのまま内部活動に適用したものです。したがって，原価の計算は，棚卸計算法（原価＝期首繰越高＋当期仕入高－期末残高）により計算されます。商的工業会計は，計算事務に手間がかからず時間と労力を大幅に節約でき，決算書の作成も可能です。その反面，販売価格を決定できない，部門別管理ができない，製品別管理ができない等の限界がありました。

見積原価計算は，物量的計画を現時点での物価で評価する原価見積とその評価額の時間的経過や諸環境の変化にともなって発生する物価変動を予測する原価予測の2つの機能を有しています。ただし，物量的計画を現時点での物価で評価する機能は，厳密には原価評価に近いものであり，狭義の原価見積といえます。

見積原価は，技術者の経験や勘に基づいた，いい加減で恣意的なデータと思われがちですが，17世紀イギリスの金属加工業や鉱山業では，見積原価は，かなり正確なデータで，価格決定にも利用されるほどでした。また，18世紀のスコットランドの製鉄会社では，「標準原価」と称した厳密な実験やデータから導き出された見積原価を使い，部門別管理や製品別管理を行っていました。

関連項目➡ 原価企画（p.128），標準原価計算（p.134），実際原価計算（p.133）

管理会計

全部原価計算（absorption costing）

全部原価計算は，原則的には，製品原価がすべての製造原価から構成されているという理論に基づく原価計算です。つまり，全部原価（full cost）で製品原価を計算する方法です。ただし，すべての製造原価には，非原価項目は含まれませんが，これらは，発生した期間の期間原価として，損益計算書に算入されます。

重要ポイント

一般的に，全部原価計算とは，実際原価に基づいた計算ですが，製造間接費の配賦計算を行う場合，配賦基準が恣意的になってしまいます。製造間接費の配賦計算で使用する配賦基準は，製造間接費の総額を配賦する場合には，基準となり得ますが，製品1単位あたりとして考えた場合，複数種の製品に製造間接費を配賦しなければならないため，正確な基準になり得ない場合が生じます。したがって，製造間接費の配賦基準が，恣意的となってしまうため，管理方法を根本的に考え直さなければなりません。そこで，実際原価ではなく標準原価に基づいた標準全部原価計算が開発されました。標準全部原価計算では，固定製造間接費を配賦するための基準操業度を設定する場合，その方法の違いによって生じる操業度差異の処理方法によっては，固定製造間接費の一部が製品原価とならない場合もあります。なお，日本の制度会計上においては，製品原価計算は，全部原価計算制度として実施されています。

関連項目➡　部分原価計算（p.137），製品別原価計算（p.132），
**　　　　　　損益計算書（p.11），製造間接費（p.97）**

部分原価計算は，製品原価がすべての製造原価ではなく，その一部から構成されているという理論に基づく原価計算です。部分原価計算としては，各種の原価計算が存在しますが，製品原価の構成要素が，直接材料費と直接労務費から構成されている素価計算ないし基礎原価計算と，製造原価の変動費部分から構成されている直接原価計算が代表的な計算です。

重要ポイント

部分原価計算の代表的な計算方法が，直接原価計算です。直接原価計算は，変動製造原価によって製品原価を測定する方法です。直接原価計算では，製品原価としての変動製造原価を製品種類別変動製造原価として捉えるのが一般的です。製品種類別変動製造原価は，製品種類別の直接材料費，直接労務費および変動間接費によって構成されています。直接材料費と直接労務費については，全部原価計算における場合とほぼ同じ方法ですが，製造間接費については主に4つの方法があります。1つめは，生産活動全体を1製造部門とみなし，製造間接費を構成する原価要素ごとに企業全体の売上高もしくは生産量などと直接関連させて，変動費部分を推定した後，等価係数などにより製品種類別に配賦する方法です。2つめは，部門別原価計算を実施して，製造部門ごとに製造間接費を集計し，次に製造部門別製造間接費と部門ごとの売上高や生産量などとの関連に基づき，製造部門別変動製造間接費を合理的な配賦基準を用いて製品種類別に配賦する方法です。3つめは，形態別原価計算の段階で可能な限り変動費と固定費の識別を行い，各製造部門と各補助部門について部門固有費を変動固有費と固定固有費とに区別し，各補助部門の変動固有費については相互配賦法を用いて，各製造部門に変動製造間接費を集計して合理的な配賦基準を用いて製品種類別に配賦する方法です。4つめは，3つめの方法を精緻化した方法で，活動基準原価計算による配賦を含んだ方法です。

関連項目➡　全部原価計算（p.136），直接原価計算（p.138），活動基準原価計算（p.125）

直接原価計算（direct costing）

直接原価計算は，変動製造原価により製品原価を測定する原価計算です。直接原価計算は，固変分解によって製造原価を固定製造原価と変動製造原価に分けます。直接原価計算では，棚卸資産である仕掛品と製品，ならびに損益計算書上の売上原価は，変動製造原価のみで構成されています。これに対し，固定製造原価は，期間原価としてみなされ，それが発生した会計期間の費用となります。直接原価計算では，固定製造原価が期間原価となりますが，全部原価計算では，製品原価となるのが大きな違いです。

重要ポイント

直接原価計算によると，製品単位あたりの原価は，他の条件が一定であれば，生産量の増減にかかわらず，一定となります。したがって，直接原価計算に基づく損益計算においては，利益は生産量の増減によっては影響を受けず，販売数量によって影響を受けるものとなります。直接原価計算は，個別計画や期間計画のために有用な情報を提供できます。特に，損益分岐点分析（CVP分析）や貢献利益分析に必要な情報を提供します。

目標利益の算定については，基本的には，売上利益率と資本回転率について検討します。売上利益率に関しては，損益分岐点に基づいて算定する方法が一般的です。損益分岐点は，損益分岐点売上高＝固定費／（1－変動費率）（ただし，変動費率＝変動費／売上高）で表されるため，費用を変動費と固定費に分解する必要があります。したがって，直接原価計算の機能の一つである，固変分解が，売上利益率を算定するのに有効な方法となります。

直接原価計算に基づく損益計算においては，まず売上高から変動費を控除し，販売数量の関数である貢献利益を求め，ここから固定費を差し引きます。貢献利益を製品，部門，地域，販売方法などのセグメント別に示すことで，多次元的な収益力を測定することが可能となります。

関連項目➡ 全部原価計算（p.136），部分原価計算（p.137），原価の固変分解（p.93）

　　伝統的コスト・マネジメントとは，利益管理の一環として，企業の安定的発展に必要なコスト引き下げの目標を明らかにするとともに，その実現のための計画を設定し，その実現を図る一切の管理活動のことです。

重要ポイント

　　従来の原価管理である伝統的原価管理とは，原価計画と原価統制に区分されます。原価統制では生産開始前に設定した目標となる基準原価（標準原価など）の水準まで，工程管理や品質管理を通じて，実際原価を低減させます。この方法は，一定の成果が得られますが，やがて飽和点に達するとそれ以上の原価低減が望めなくなってしまいます。そこで，製造原価を大幅に引き下げるため，設備投資計画が検討されます。これが，原価計画といわれるものです。新しい設備のもとで，新しい基準原価を設定し，その基準原価の水準まで実際原価を引き下げる，原価統制が再び展開されることになります。したがって，伝統的原価管理は，基準原価の設定 → 原価統制 → 原価低減 → 飽和 → 原価計画 → 新鋭設備の導入 → 新しい基準原価の設定 → 原価統制という循環プロセスによって，原価管理が展開されるシステムです。これに対し，伝統的コスト・マネジメントは，伝統的原価管理の発展したシステムであり，伝統的原価管理では，主に製造原価を引き下げるシステムであったものを，引き下げる原価の範囲を広げて全社的システムに発展させたものです。したがって，原価低減が主たる目的となるシステムです。伝統的原価管理および伝統的コスト・マネジメントは，少品種大量生産時代において，有効な原価管理システムです。

関連項目➡　標準原価計算（p.134），原価維持（p.130），設備投資の経済性計算（p.166），戦略的コスト・マネジメント（p.140）

管理会計

戦略的コスト・マネジメントとは，J.K.シャンクとV.ゴビンダラジャンによって提唱されたシステムで，①戦略の形成，②組織内への戦略の伝達，③戦略を実行するための戦術の形成と実施，④実施ステップならびに戦略目標の達成を確保するためのコントロールの開発と実行という戦略管理の4段階に原価情報を利用するシステムのことです。

重要ポイント

戦略的コスト・マネジメントは，伝統的コスト・マネジメントの発展したシステムであり，多品種少量生産時代に展開された原価管理システムです。一般的に，戦略的コスト・マネジメントでは，原価企画，原価改善，原価維持の3つが原価管理のフレームワークとして捉えられていますが，伝統的コスト・マネジメントの発展形態である戦略的コスト・マネジメントにも，もともと原価計画に含まれていた設備投資計画などの投資計画も含まれるため，原価企画，原価改善，原価維持，資本予算が，戦略的コスト・マネジメントのフレームワークとなります。

資本主義経済下の市場において，競争が激化していくにつれて，企業経営者は，製品原価の引き下げをするため，ME（Micro-Electronics）機器を導入しFA化を推し進め，原価の引き下げを行いました。同時に，製品ライフサイクルの短縮化と顧客ニーズに合わせた新製品を市場に頻発投入するため，工場全体としては高い操業度を維持したまま，規模の経済をも可能にする多品種少量生産が実現していきました。少品種大量生産時代では，伝統的コスト・マネジメントによって，原価低減が実現しましたが，多品種少量生産時代では伝統的コスト・マネジメントだけでは対応しきれなくなり，戦略的コスト・マネジメントへと発展することとなりました。

関連項目➡ **伝統的コスト・マネジメント（p.139），価値連鎖概念（p.124），活動基準原価計算（p.125），原価企画（p.128），原価改善（p.129），原価維持（p.130），設備投資の経済性計算（p.166）**

収益性分析 (profitability analysis)

収益性分析とは，経営分析の重要領域の一つとして，企業が利益を獲得する能力を評価する目的で行う分析領域のことをいいます。収益性分析においては，資本利益率が最も重要かつ総合的な評価尺度です。

重要ポイント

利益額による収益性の分析は，資本効率が考慮されていないという欠点があります。企業経営に資本を投じることは，その資本の所有者が資本を他の目的に対して利用する機会を捨てることを意味し，さらには，その資本の回収が必ずしも保証されない危険の多い状態におかれることを意味します。したがって，企業経営においては，投下資本に対する利益が常に考慮され，その利益が，出資者に対する報酬として分配され，あるいは再投資されて生産力が拡大し出資者の持分が実質的に増加することが期待されています。

資本利益率は，資本（分母）と利益（分子）に何を用いるか，その利用目的に応じて，さまざまな組み合わせが可能となります。たとえば，経営者が当期の総合的な企業活動の収益性を確認したい場合は総資本経常利益率，生産・販売活動（営業活動）の成果ないし収益性を判断する場合には経営資本営業利益率を用います。また，株主の視点からは自己（株主）資本利益率（return on equity：ROE）を用いたりもします。

資本利益率は下記のように，売上高利益率と資本回転率に分解できます。

資本利益率 ＝ 売上高利益率 × 資本回転率

$$\frac{利益}{資本} = \frac{利益}{売上高} \times \frac{売上高}{資本}$$

資本利益率を売上高利益率と資本回転率に分解し，その中身を精査していくと，収益性についての特徴，および企業間の差異や時系

管理会計

列変化の原因を把握することが可能となります。したがって，資本利益率は売上高利益率と資本回転率に分解し，分析を行っていくことが重要です。

売上高利益率は，売上高と各種利益（売上総利益，営業利益，経常利益，当期純利益）の関係性を示す指標です。売上高利益率は売上1単位あたりどの程度の利益を見込めるかという目安として重要な指標です。

資本回転率は，一定期間中に投下された資本の有効利用の程度を売上高による回収回数によってあらわす指標です。資本の内訳を各種資産にまでさかのぼることによって，各種資産の利用効率を確認できます。

関連項目➡ 貸借対照表（p.10），損益計算書（p.11），投資利益率（p.154），売上高利益率（p.156），キャッシュ・フロー分析（p.146），レバレッジ（p.169）

安全性分析（safety analysis）

安全性分析とは，収益性分析と並び，経営分析の重要領域の一つとして，企業の財務構造や資金繰りの健全性，債務不履行などによる倒産の危険性を評価しようとする分析領域をいいます。安全性分析は，主に流動性（短期支払能力）の分析と財務安定性（長期支払能力）の分析とに大別されます。

重要ポイント

流動性の分析とは，企業の流動負債に対して，その返済手段である流動資産がどのように準備され，返済のためにどの程度充当できる状態にあるのかを示すものです。具体的には，流動比率，当座比率などの静的指標と，流動資産の回転率などの動的指標を組み合わせて分析します。

流動比率（流動資産/流動負債）は，流動負債の返済に対して準備されている流動資産の割合を示していますが，流動資産には棚卸資産が含まれます。棚卸資産は，最も流動性の低い（現金化しにく

い）流動資産であり，過剰な棚卸資産は短期的な支払いにつながらないことがあります。また，棚卸資産の中に不良在庫が含まれている可能性も考慮しなければなりません。そこで，流動資産から棚卸資産等を除去した当座資産と流動負債の比率である当座比率（当座資産/流動負債）を求めます。また，最も確実な短期支払能力は現金預金比率（現金預金/流動負債）で確認することができます。

加えて，企業活動の継続を前提にした場合には，債権回収や債務弁済等の資金繰りについて，流動資産の回転率（資本回転率）を組み合わせて分析する必要があります。また，流動資産から流動負債を差し引いた正味運転資本（企業が自由に運用できる流動資産）は企業の資金的余裕度を示します。

一方，財務安定性の分析は，自己資本比率（自己資本/総資本）や負債比率（負債/自己資本）などの，貸借対照表の貸方側に関する資本構成の分析と，固定比率（固定資産/自己資本）や固定長期適合比率（固定資産/（固定負債＋自己資本））などの，貸方側の長期資本あるいは自己資本と借方の固定資産との間の関係性の分析から構成されています。

さらに，有利子負債依存度（有利子負債/総資本）などの分析も財務安定性の分析を補完すると考えられています。また，CVP分析による損益分岐点比率や安全余裕度も企業の財務安定性の指標として役に立ちます。

関連項目➡ **現金・預金（p.15），棚卸資産（p.23），流動資産（p.26），流動負債（p.30），キャッシュ・フロー分析（p.146），倒産予測（p.150），レバレッジ（p.169），CVP分析（p.148）**

　　　生産性分析とは，企業の生産的プロセスの効率性を測定するために，経営資源のインプットに対して，どの程度のアウトプットがなされたのかを評価する分析領域のことをいいます。この投入される経営資源について，ヒトに着目したものを労働生産性，モノに着目したものを資本生産性とよびます。

重要ポイント

　　　一般的に，生産性分析においては，アウトプットとして付加価値が用いられます。付加価値とは，企業が前段階企業から受入れた経済価値（前給付費用）以上に付加した価値のことをいいます。

　　　労働生産性（付加価値生産性）は，従業員1人あたりが生み出した付加価値，すなわち，ヒトあるいはヒトの労働時間の効率性の高さを測定しています。労働生産性は高い方が望ましく，増加している場合にはその会社が質的な拡大をしているということができます。また，従業員1人あたりどの程度稼いでいるのかをあらわす指標ともいえるため，人件費とも深く関係があるといえます。

　　　労働生産性は，下記のように分解できます。

$$\text{労働生産性} \ = \ \text{1人あたりの売上高} \ \times \ \text{付加価値率}$$

$$\frac{\text{付加価値}}{\text{従業員数}} \ = \ \frac{\text{売上高}}{\text{従業員数}} \ \times \ \frac{\text{付加価値}}{\text{売上高}}$$

　　　付加価値率について，一般的に外注への依存度が高い企業では付加価値率が低くなりますが，自社加工が高コストであれば外注が選択されます。加えて，取引の流れの中で最終消費者に近づくほど外部からの購入価格が増加するため，付加価値率は低くなる傾向にあります。

　　　一方，資本生産性とは，投下資本単位あたりの付加価値，すなわち，投下資本がどれだけ効率的に利用されているのかを示す指標です。資本生産性を高めることが，製造業など機械化が進んだ業界における企業収益力を高めていくことにつながります。

　　　資本生産性は，下記のように分解できます。

$$\text{資本生産性} = \text{資本回転率} \times \text{付加価値率}$$

$$\frac{\text{付加価値}}{\text{総資本（経営資本）}} = \frac{\text{売上高}}{\text{総資本（経営資本）}} \times \frac{\text{付加価値}}{\text{売上高}}$$

労働生産性，資本生産性ともに分解式を用いて検討することによって，労働生産性（資本生産性）が変化した理由や，同業他社との相違の理由を探ることが可能となります。

なお，労働生産性と資本生産性の間には以下のような関係が成り立ちます。

$$\frac{\text{労働生産性}}{\text{資本生産性}} = \frac{\text{資本}}{\text{従業員数}} = \text{資本集約度}$$

資本集約度とは従業員1人あたりの資本のことをいいます。加えて，従業員1人あたりの有形固定資産有高（建設仮勘定を除く）は労働装備率とよばれ，固定資本の集約度を示します。

関連項目➡ 売上高（p.52），固定資産（p.27），収益性分析（p.141），投資利益率（p.154），売上高利益率（p.156）

成長性分析（growth analysis）

成長性分析は，企業の成長を対象とする分析です。成長性分析には，成長率（過去）の分析，成長可能性の分析，成長要因の分析がありますが，経営分析の文献では，一般的に成長率の分析を成長性分析として取り上げています。成長率の分析は，企業間の相互比較と自己比較（歴史的比較）によって行われます。比較基準としては，産業あるいは業界の平均成長率，業界トップ企業の成長率，競争企業の成長率，経済成長率などが用いられます。

(重要ポイント)

成長率は大きく経営活動の手段（固定資産，自己資本，総資本など）の増減率と，経営活動の成果（売上高，利益，付加価値など）の増減率の2つのグループに分類できます。一般的に，総資本の成

管 理 会 計

長よりも売上高の成長が重要です。しかし，売上高成長率が高くても，主力製品の市場成長率や物価上昇率以下であれば，実質的にマイナスです。加えて，売上高の成長が利益に結び付いているかも重要になります。すなわち両者の成長は連動させて考える必要があります。

成長可能性の分析方法としては，自己資本蓄積効率（内部留保/自己資本），内部留保負担能力（内部留保/売上高），研究開発費対売上高比率（研究開発費/売上高），設備投資対キャッシュ・フロー比率（設備投資額/キャッシュ・フロー）などがあります。しかし，これらの比率が高いからと言って，将来の成長が100%保証されているわけではありません。

一方で，多変量解析によって「研究開発費が大きいこと」，「従業員の平均年齢が若いこと」，「新製品比率が高いこと」，「本業比率が高すぎないこと」などが，企業成長要因として重要であることが明らかになっています。

また，企業の成長が製品のライフサイクルに左右されることに注目して，製品のライフサイクルの段階を明らかにしようとするライフサイクル分析も存在します。

関連項目➡ **売上高（p.52），売上総利益（p.54），営業利益（p.55），経常利益（p.56），当期純利益（p.57），収益性分析（p.141），安全性分析（p.142），キャッシュ・フロー分析（p.146），倒産予測（p.150）**

キャッシュ・フロー分析（cash flow analysis）

キャッシュ・フロー分析とは，会計的利益ではなく現金の流出入に基づいて企業活動の経済性を分析する方法のことです。キャッシュ・フロー分析には，キャッシュ・フロー計算書そのものを用いた分析と，キャッシュ・フローを用いた財務比率による分析があり，これらの分析は，安全性だけでなく収益性の分析を行う上でも重要な役割を果たします。

キャッシュ・フロー計算書は利益とそれに関連した現金収支との差異原因の分析を可能にします。さらには，企業が将来キャッシュ・フローを生み出す能力，負債や配当金を支払う能力，外部からの資金調達の必要性，企業が営業能力を維持するための投資額などを評価することに対して有用です。また，設備投資の経済性計算においては，貨幣の時間価値を考慮した資金回収のためのキャッシュ・フロー分析が行われます。

キャッシュ・フロー計算書そのものを用いた分析では，キャッシュ・フロー計算書の３つの区分について，それぞれの良否をチェックします。その際，キャッシュ・フローの増加は，追加的な現金流入によってのみ達成されるわけではなく，現金流出額の減少によっても達成されることを考慮しておく必要があります。重要なことは，それぞれのプラスマイナスの理由をチェックすることです。

キャッシュ・フローの比率分析については，たとえば，流動性の分析では営業キャッシュ・フロー対流動負債比率（営業キャッシュ・フロー/流動負債）などを用います。流動比率や当座比率は貸借対照表のデータによって決算日時点の資金需要と支払準備能力を評価しており，一方で，営業キャッシュ・フロー対流動負債比率は資金需要に対して，その資金を事業活動から得ることができるかどうかを判断します。また，収益性の分析では営業キャッシュ・フロー対売上高比率，営業キャッシュ・フロー対資産比率などを用います。

なお，キャッシュ・フローは会計上の利益とは一致しないため，財務諸表が提供するデータに必要な計算処理を加えることによって測定されます。

関連項目➡ キャッシュ・フロー計算書（p.12），現金・預金（p.15），割引現在価値（p.29），収益性分析（p.141），安全性分析（p.142），設備投資の経済性計算（p.166）

CVP分析 (cost-volume-profit analysis)

CVP分析とは，短期利益計画において，費用 (cost)，営業量 (volume)，利益 (profit) の相互関係を分析するものです。CVP分析は，営業量（生産量，販売量あるいは売上高）の変化が，費用と利益をどのように変動させるのかを明らかにし，そのうえで，目標利益を実現するように，予想収益計画とそれに許容される費用計画を試行錯誤的に調整することによって利益計画の策定を支援します。具体的には，目標利益の設定，利益の予測，予測した利益と実際利益の比較などに利用されます。

重要ポイント

CVP分析においては，損益分岐点を見出すことが一つの重要な課題であり，このために実施されるのが損益分岐点分析（狭義）です。損益分岐点とは，収益と費用が一致する，すなわち，限界利益（貢献利益）で固定費を回収できる営業量（売上高）を意味します。一般的にCVP分析の代名詞とされている損益分岐点分析（狭義）はCVP分析の一種類にすぎません。一方で，広義においては損益分岐点分析という語はCVP分析と同義でも用いられます。

目標利益を資本利益率で示す場合には，CVP分析だけではなく，費用・売上高・利益・資本の関係分析 (cost-volume-profit-capital analysis：CVPC分析) も重要になります。そのために，

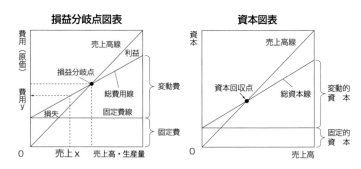

損益分岐点図表（利益計画図表）と併せて作成されるのが，資本図表です。損益分岐点図表（利益計画図表）と資本図表を一つの図にまとめると，一つの図上で資本回収点，損益分岐点，目標利益達成点が把握できます。

関連項目➡ 原価の固変分解（p.93），予算管理（p.117），直接原価計算（p.138），安全性分析（p.142），線形計画法（p.153），投資利益率（p.154），売上高利益率（p.156）

企業評価（corporate evaluation）

　企業評価とは，評価対象である企業の良し悪しを判定したり，ランク付けしたり，点数や金額で測定することです。なお，経営分析は，企業評価の具体的行為を意味し，組織あるいは組織のパフォーマンスを評価するために，そのための要因，要素，側面を明らかにし，結果を示します。

重要ポイント

　具体的な評価（分析）は，①分析目的を明確にし，分析主題を決定，②①に基づいて指標を選択，③指標の計算，④指標と基準値の計算結果等をまとめるための適当な統計的方法の選択，⑤結果を経済情勢，政治環境，業界動向，自然環境などの諸環境，諸条件を前提に解釈（評価），という手順で行われます。なお，⑤において，解釈そのものが評価を意味する場合もあれば，解釈の結果，評価が行われる場合もあります。

　企業評価においては，誰がどのような目的で評価を行うかによって，評価方法や用いられる指標が大きく異なります。また，評価を行う際には，単に過去の経営実績を分析評価するのみならず，将来の利益獲得能力などを評価することも重要な視点となります。

　たとえば，M&Aにおいては，まず，市場価値法や割引現在価値法（DCF法）などを用いて，対象となる企業の企業評価を行い，M&Aの適否を判断します。その評価が交渉の基礎に用いられ，最終的に合意に達した合併比率にともなう株式発行額や買収価格が，

M&Aにおける企業評価額となります。

　また，社債等の格付けにおいては，格付けの対象となる社債やコマーシャルペーパーなどの債権について，元利金の支払いの確実性を評価し，その結果を簡単な記号で評点化します。その際には，社債等の満期までの期間にわたる支払いに必要なキャッシュ・フローが継続的に確保されるかなどが評価の対象となります。加えて，財務諸表データ以外の重要情報も考慮して格付けが行われます。

関連項目➡　インカム・アプローチ（p.14），公正価値（p.16），割引現在価値（p.29），収益性分析（p.141），安全性分析（p.142），生産性分析（p.144），成長性分析（p.145），キャッシュ・フロー分析（p.146），倒産予測（p.150）

倒産予測（failure prediction）

　企業倒産は，市場経済における企業活動の結果として不可避的に発生します。倒産予測は企業自身が適切な対策をとるために重要ですが，利害関係者が負担する倒産コストを軽減するためにも必要とされています。倒産予測には，民間調査機関による倒産予測，取引先企業による倒産予測，金融機関による倒産予測などがあります。

　倒産予測モデルは，財務諸表データに統計学的分析を加えるものであるため，数理的手法と一体不可分です。

重要ポイント

　倒産という言葉は法律用語でなく，一般に，企業が「弁済しなければならない債務が弁済できなくなった状態」，「経済活動を続けることが困難になった状態」を指します。具体的には，小切手・手形などの不渡り，会社更生法・民事再生法の適用申請，会社整理・自己破産の申請，内整理の開始などを倒産とみなします。

　企業が倒産すると，企業自身および幅広い利害関係者に深刻な影響を及ぼします。あらかじめ企業倒産の予測が可能であれば，企業

自身が適切な対策を取れるだけでなく，利害関係者のコストを回避もしくは軽減できます。ここに，倒産予測の実務的な需要があります。

　倒産予測において，財務諸表から求められた一つの指標で行う分析モデルを単一変量（比率）モデルといい，複数の変数を組み合わせたモデルを多変量モデルといいます。

　単一変量モデルは，流動比率，経常収支比率，キャッシュ・コンバージョンサイクル（仕入債務回転期間と売上債権回転期間＋棚卸資産回転期間の差）などの比率を利用し，時系列変化や同業他社とのクロスセクション分析，業界平均値との比較によって問題点を抽出します。過去の研究によれば，キャッシュ・フロー／負債，総資産純利益率（純利益／総資産），負債／総資産，運転資本／総資産，流動比率などに倒産の兆候が現れることが判明しています。加えて，過剰在庫による棚卸資産回転率の悪化や，売上債権回転率の悪化なども倒産予測をするうえでのわかりやすい兆候です。しかし，実際には，単一の変量で結論を導き出すことは困難であり，複数の指標（もしくは多変量モデル）によって判断がなされます。

関連項目➡　キャッシュ・フロー計算書（p.12），棚卸資産（p.23），流動資産（p.26），流動負債（p.30），企業評価（p.149），収益性分析（p.141），安全性分析（p.142），キャッシュ・フロー分析（p.146）

管理会計

会計情報システム（accounting information system）

会計情報システムとは，情報通信技術の発展を基盤とする，会計を支援する情報システムです。会計データ処理の省力化とコスト削減，また，各種情報利用者に対する情報提供機能の拡大をその目的としています。

重要ポイント

会計情報システムにおいて，経営過程の管理にかかわる経営情報の会計写像化を担うのが管理会計システム，経営過程の結末である財政状態と経営成果の会計写像化を担うのが財務会計システムです。管理会計システムの成果が，財務会計システムによって集約され，その情報が財務諸表形式にまとめられます。

会計情報システムは，経営情報システムを基底として構築されています。経営情報システムとは，情報通信技術を活用することによって，組織体の各管理階層に対して，適切な情報を必要に応じて適時・適所に提供するために，必要な情報を収集，処理，提供，維持する情報システムです。会計情報システムの発展は経営情報システムの発展過程と密接に関連しています。今日においては，情報システムの技術的発展を背景に，会計情報システムは，企業全体の情報システムの中核的なサブシステムとして機能することが期待されています。

会計情報システム発展の背景となる情報通信技術の発展としては，計算技術，通信技術，データベース技術があります。1980年代に普及したデータベース技術によって，それまで業務システムごとに管理していた業務データを統合的なデータベースで一元的に管理し，業務データベースから会計取引データを引き出すことが可能となりました。加えて，1990年代に爆発的に普及したインターネットの発展を背景として，近年，業務・会計データ入力の外部化・自動化，会計情報出力のネットワーク化，会計情報システムのネットワーク化が進んでいます。

たとえば，無線ネットワーク技術の発展と情報機器の小型化により，顧客との商談中にタブレットを用いてリアルタイムに在庫状況

や原価情報を確認し，その場で見積や発注作業を行うことが可能です。さらには，無線ICタグの存在により，入出庫伝票が電子化され在庫のデータ管理が自動化されています。その他にも，インターネット上でのクラウドコンピューティングの発展によって，クラウドコンピューティング形態での会計サービスや経営情報サービスが提供されています。

関連項目➡ 貸借対照表（p.10），損益計算書（p.11），キャッシュ・フロー計算書（p.12），原価計算（p.88），統制会計（p.85），計画会計（p.84），意思決定会計（p.82），業績管理会計（p.83），予算管理（p.117）

線形計画法（linear programming：LP）

数理計画法とは，与えられた制約条件のもとで，目的関数（最適化すべき評価尺度）を最大化（もしくは最小化）する手法です。この目的関数およびすべての制約条件がすべて1次関数のとき，これを線形計画法（LP）とよびます。

重要ポイント

線形計画法では，目的関数や制約条件の線形性を仮定しています。このような単純化によって，モデルが非常に簡単になり解が容易に求まるという利点があります。一方で，このような線形計画法では現実の問題を解決できない場合もあります。目的関数や制約条件のうちいずれか，または両方が線形でない場合は，非線形計画法とよばれ，関数の性質に応じて多様な解法が存在します。

線形計画法には各種の型があり，計画面，統制面の両者に利用できる可能性をもっています。さらには，現金適正保有額の決定や輸送問題など，さまざまな問題への応用も可能です。

たとえば，多品種の利益計画策定の過程においては，資源希少性が生産・販売活動上の制約となります。資源の希少性に起因する制約については，①1つの制約条件を考慮しつつ，限界利益（貢献利益）を最大化する場合，②2つ以上の制約条件を考慮しつつ，限界

管理会計

利益を最大化する場合に分けられます。2つ以上の資源上の制約をともなう利益計画において，線形計画法は有力な解法の一つとなります。線形計画法では，2製品生産の場合について最適解をグラフ化することができます。製品数が3つ以上になると，グラフ上では解を求められないため，シンプレックス法を用いて最適解を求めることになります。そのうえで，求められた最適解を用いたCVP分析を行えば，制約条件付き製品ミックスの問題を分析の中に加えることができるようになります。

　なお，線形計画法における最適解は可能領域の端点にて達成されます。

関連項目➡　意思決定会計（p.82），計画会計（p.84），予算管理（p.117），業績評価（p.103），CVP分析（p.148）

投資利益率（return on investment：ROI）

　投資利益率（ROI）は，資本利益率ともよばれ，利益と利益を獲得するために投下された資本の関係性を示す，収益性の最も重要かつ総合的な評価尺度です。投資利益率は管理会計システムのもつ計画機能や統制機能における中軸利益概念であり，管理会計論における中心的な概念です。たとえば，投資利益率は利益計画において目標利益として設定され，目標投資利益率に基づいて予算の設定がなされ，その予算に基づいた業績評価が行われます。

　また，設備投資の経済性計算の代表的な方法の一つである投資利益率法の基本式としても利用されています。

（ 重要ポイント ）

　投資利益率はインベストメント・センターの業績評価基準です。図に示されているとおり，投資利益率は売上収益性を示す売上高利益率と資本効率を示す資本回転率に分解され，さらに，売上高利益率や資本回転率の諸要素まで分解することができます。この分解式は，1914年のデュポン社において，社長の要請に従って作成した報告書で，さまざまな業務部門の業績を測定するための基礎にした数学式として，

定式化されたといわれています。この分解式によって，まず，最終的な結果を投資利益率で捉え，その原因を，投資利益率に影響する諸要因（売上高利益率では費用削減効果，資本回転率では投下資本の効率性）にさかのぼって分析することが可能となりました。

投資利益率は，資本効率を端的に表現する，株主重視につながる指標である，などの理由から非常に重宝されていますが，一方で，業績評価が投資利益率至上主義に陥ると，短期的な投資利益率向上にとらわれ，分母である投下資本を小さくするべく新規投資を控えることになりかねないため，注意が必要です。

これらの欠点を補うため，投資利益率に代替する概念としてRI（残余利益）やEVA（経済付加価値）などが考案されていますが，依然として投資利益率は企業経営における中軸利益概念として存在しています。

投資利益率に影響を与える諸要因の関連図

関連項目➡　計画会計（p.84），統制会計（p.85），意思決定会計（p.82），業績管理会計（p.83），責任センター（p.90），業績評価（p.103），事業部制組織（p.110），予算管理（p.117），収益性分析（p.141），CVP分析（p.148），設備投資の経済性計算（p.166）

　売上高利益率は，売上高と各種利益（売上総利益，営業利益，経常利益，当期純利益）の関係性を示す，収益性の評価尺度です。売上高利益率は資本回転率とともに投資利益率を構成します。

　また，売上高利益率はプロフィット・センターにおける業績評価基準です。

重要ポイント

　売上高利益率は売上1単位あたりどの程度の利益を見込めるかという目安として重要な指標です。売上高利益率は製品の特色により数値が大きく異なります。売上高利益率の分子には，売上総利益，営業利益，経常利益，純利益を使用することができ，これら4つの比率を比較することで，どの段階でどの程度の費用が発生したのかを把握することができます。

　また，売上高利益率は売上高費用率と表裏一体であり，

　売上高利益率＝　1　－　売上高費用率

という関係が成り立ちます。したがって，売上高利益率の検討は売上高費用率との関係性を考慮することが重要となります。

　売上高利益率は利益計画や業績管理にも用いられますが，単独で用いると投資効率が無視されるため，それらはすべて投資利益率との関連で考慮されるべきです。

　投資利益率の分解式との関連においては，売上高利益率は売上収益性，すなわち原価削減の度合いを反映する指標であり，原価管理の結果が反映されます。投資効率を示す資本回転率とともに，投資利益率の増減要因の把握に役立ちます。20世紀前半のデュポン社においては，事業部制組織成立にともない，投資利益率の分解式を基礎に，材料の投入から販売による売上の獲得に至るまでの一連の流れにおけるすべての地点と個人責任が結びつき，各地点における業績管理が可能となりました。

売上高利益率の連関図

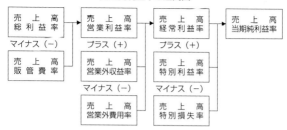

関連項目➡ 損益計算書（p.11），責任センター（p.90），業績評価（p.103），収益性分析（p.141），CVP分析（p.148），投資利益率（p.154）

X　管理会計と組織

内部振替価格（internal transfer price）

　　内部振替価格とは同一組織内である本支店間や事業部間で，製品や部品等が振替取引されるときの価格をいいます。振替価格の決定方法は，市価基準，原価基準，原価プラス基準，交渉価格基準の4つあり，どの基準を使用するかは企業に委ねられています。

　　事業部制が導入されるようになったことで，同一組織内での取引が増え，内部振替価格も重要となってきました。

重要ポイント

　　1950年代以降，多くの企業が事業部制を導入し企業規模を拡大するようになりましたが，それと同時に内部振替価格の設定方法や部分最適化などの課題も出てきました。

　　内部振替価格の設定方法の選択は，事業部制が発達し始めたときから現代まで大きな問題となっており，学術的に多くの議論がなされています。内部振替価格は事業形態や企業の特性によって最適な設定方法を選択することが非常に重要です。

関連項目➡　業績管理会計（p.83），事業部制組織（p.110），連結子会社（p.63）

ABC分析（ABC analysis）

　　ABC分析とは在庫管理の手法の一つで，多品種を取扱う際に，ABCの３つのグループに分類して管理する方法です。Aグループには最も管理重要性の高いものが分類され，管理レベルを上げたり管理方法の改善を行ったりすることで，在庫管理全体の効果が最も得られるグループです。反対に，Cグループは全体への影響の最も少ないものが分類されます。

　　つまり，全体の費用対効果を上げるために，重点的に管理すべき品種とそうでない品種に分類することで，効率的に在庫管理を行うことができます。

重要ポイント

　　ABC分析を行う際には，縦軸に金額や量をとり，横軸に部品・原材料名を並べ下記のようなパレート図を作ります。

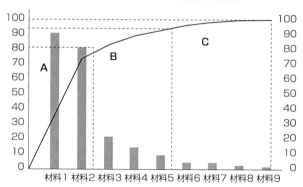

関連項目➡ **経済的発注数量（p.160），経済的発注点（p.161），JIT（p.106）**

管理会計

経済的発注数量（economic order quantity）

　　　EOQはアメリカから導入された在庫管理の手法です。在庫を管理するときに発生するのが，発注費用と在庫管理費用です。この2つの費用は相反する性質をもつため，この2つの費用を足した総額が最も小さい発注量をEOQとします。

重要ポイント

　EOQの求め方は下記のとおりです。

$$EOQ = \sqrt{\frac{2 \times 1回あたりの発注費用 \times 年間必要在庫量}{単価 \times 在庫管理費用比率}}$$

　1回あたりの発注量を増やすと，発注回数が少なくなるため，発注費用は減少します。このとき，在庫量が増えるため在庫管理費用が増加します。反対に，在庫管理費を抑えようとすると，発注費用が高くなります。

　複数の在庫品目を扱う際には，ABC分析（重点管理）を行います。EOQをすべての在庫品目の管理に行うことは望ましくありません。在庫管理の重要性の高いAグループに分類される在庫品目に適用することにより，全体の在庫管理費用と発注費用を効果的に抑えることができます。管理重要性の乏しいCグループについては購買費用全体への影響が少ないため，EOQの適用など管理方法の改善を検討するメリットがありません。

関連項目➡　経済的発注点（p.161），JIT（p.106），ABC分析（p.159）

経済的発注点（economic order point）

在庫管理を行う際に、EOQと併せて重要になるのが経済的発注点です。販売機会を逃さないように常に安全な在庫量を確保した発注を行う点を決定する必要があります。

経済的発注点の求め方には定量発注点方式と定期発注点方式の2通りがあります。

重要ポイント

取扱う商品の安定性が高い場合は定量発注点方式を採用します。この方法は、過去の実績から安全在庫数量を決定し、リードタイム、売上予測などを加味して発注点在庫数量を確定させ、この数量になった時点で一定量の発注をします。

また、経済的発注点を時間軸で表した図が下記のとおりです。

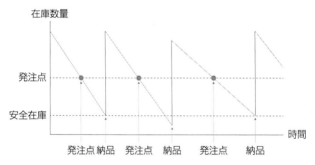

近年では、品目数の多い業態の場合、在庫管理もできるPOSシステムがあり、経済的発注点管理に応用されています。

関連項目➡ JIT（p.106）、経済的発注数量（p.160）、ABC分析（p.159）

　　企業は自身の経済活動の中で環境への配慮も必要となり，環境に対するパフォーマンスを財務数値化することで目に見える形での把握を試みたのが環境会計です。

　　また，企業の内部管理だけではなく，数値化することにより，取り組みの効果を利害関係者にも明確に示すことができます。CSR報告書の一環として報告している企業も多いです。

重要ポイント

　　環境会計の発展形態として，環境会計を円滑に行うためのマネジメント・システムが環境管理会計です。環境管理会計の歴史は浅いですが，ドイツで生まれたマテリアルフローコスト会計やライフサイクルコスティングが注目されています。

　　マテリアルフローコスト会計では通常の原価計算では無視される正常な仕損や減損を可視化することで，廃棄物を削減させ，環境への負荷を減少させることを目的としています。マテリアルフローコスト会計では完成品を「正の製品」，廃棄物等の製品とならなかったものを「負の製品」といいます。

　　マテリアルフローコスト会計を導入することにより，「負の製品」の削減を行うことは，最終的に製品原価の低減にもつながります。なぜならば，廃棄物の最終処分量の削減は，総物質投入量の削減につながり，ひいては総エネルギー，水資源投入量の削減へとつながるからです。

関連項目➡　非財務情報（p.92），品質原価計算（p.125），ライフサイクルコスティング（p.127)

機会原価（opportunity cost）

　　機会原価とは，ある経営意思決定を行う過程において，複数の代替案から一つを選択し，他の案を捨てたときに失われる利益のことです。機会原価は，特殊原価の一つです。特殊原価とは，経営意思決定のための原価であり，原価計算制度における原価とは異なります。

重要ポイント

　　機会原価の考え方は，経済学の機会費用から来ているとされています。原価計算制度上の原価は，財務会計機構と結びついたものとされていますが，経営意思決定を行う時には，原価計算制度上の原価だと過去の情報であり，意思決定には有用ではありません。そこで，経済学の機会費用の概念が持ち込まれ，経営意思決定を行う際に，機会原価の重要性が主張されるようになりました。

　　たとえば，A案を採用すると製品1個あたりの費用は800円で，販売価格は1,200円となり，B案を採用すると製品1個あたりの費用は1,000円で，販売価格は1,500円となるとします。このとき，A案を選択するとB案の販売利益500円を失うことになり，B案を選択するとA案の販売利益400円を失います。したがって，A案の機会原価はB案の販売利益500円となり，B案の機会原価はA案の販売利益400円となります。機会原価を考慮したA案の利益は△100（＝1,200－800－500）であり，B案の利益は100（＝1,500－1,000－400）です。このことから，B案を選択したほうが有利となると考えられます。

関連項目➡　埋没原価（p.164），差額原価（p.165），原価（p.86），原価計算（p.88）

埋没原価（sunk cost）

埋没原価とは，ある経営意思決定を行う過程において，ある特定の代替案を他の代替案に変更したとしても，増減変化の影響を受けない原価のことです。埋没原価は特殊原価の一つであり，原価計算制度上の原価とは異なり，経営意思決定を行う際に用いられる原価です。

重要ポイント

埋没原価には，2つの見方があります。一つは，埋没原価を回収不能な原価とする見方です。陳腐化した機械を廃棄する際に，その機械の未償却額（将来に減価償却費となる部分）がある場合，その減価償却費分が埋没原価となります。これは，回収不能となった投下資本の未回収分を意味しています。

もう一つは，埋没原価を無関連な原価とする見方である。たとえば，ある企業が既存の設備を最大能力以下の力で利用しており，まだ設備に余裕があるとします。そこで，新製品の製造を新たに行うかを判断するとき，新製品にかかる材料費や労務費などを考慮することで製造するかどうかの意思決定をすることになります。この場合，すでに投資されている既存の設備の原価は，今回の意思決定には無関連なものとなり，これが埋没原価です。この見方は，差額原価と対立する概念であり，無関連原価とよばれることもあります。

関連項目➡ 機会原価（p.163），差額原価（p.165），原価（p.86），原価計算（p.88）

差額原価 (differential cost)

　　差額原価とは，ある特定の代替案を他の代替案に変更した場合に発生するであろう総原価の増減分，または各原価要素の変動分のことです。差額原価は特殊原価の一つです。経営意思決定を行う際に用いられる原価であり，原価計算制度上の原価ではありません。

　　差額原価は，対象となる原価構成要素の差額が変化する前に対して増加差額としてあらわれるときは増分原価といわれ，減少差額としてあらわれるときには減分原価といわれます。

重要ポイント

　　たとえば，300個の製品を作成するのに総原価が279,000円であったとして，製品の生産数量を400個に増加させた場合，総原価が300,000円であるとします。この場合，差額原価は，生産300個から400個に増加させた場合に発生する総原価の増減分となるので，21,000円となります。

　　このように，差額原価概念を認識する基準は，生産量や生産方法などの変更にともなって生じる原価の増減分であり，変動する部分だけを比較計算することで，代替案の優劣を比較するものです。

関連項目➡　埋没原価 (p.164)，機会原価 (p.163)，原価 (p.86)，
　　　　　　原価計算 (p.88)

設備投資の経済性計算 (economic accounts of capital investment)

　　設備投資の経済性計算とは，設備投資をする際に，複数の選択肢からどの選択肢が高い収益性を生むのかを判断する計算方法です。設備投資には多額の資金が必要であり，一度投資をするとその資金は長期間固定化されます。そのため，設備投資をする場合，経営者は代替案等を慎重に検討しなければなりません。

重要ポイント

　　設備投資の経済性計算にはさまざまなものがありますが，日本の企業では回収期間法といわれるものが多く使われているとされています。そのため，以下では回収期間法について説明します。

　　回収期間法とは，設備投資の額を回収するのに要する期間を計算し，回収期間が短い案を有利とする方法です。回収期間は以下の式で計算します。

　　　　回収期間 ＝ 投資額 ÷ 年間のキャッシュ・フロー

　　設備投資額が50,000円であり，年間のキャッシュ・フローが10,000円であるとすると，回収期間は5年（ ＝ 50,000 ÷ 10,000）となります。このような計算を行い，代替案と比較し，回収期間が短い案を収益性があるものとみなします。

　　回収期間法は回収期間までの期間を計算するものであり，回収後の収益性は考慮されていません。また，貨幣の時間価値を考慮した計算ではありません。これらの点が，回収期間法の欠点であるといわれます。

関連項目➡　固定資産（p.27），意思決定会計（p.82）

プロダクト・ポートフォリオ・マネジメントでは，縦軸と横軸に2つの次元から構成される，4つのマトリクスを作ることで，企業の各製品や事業を相対的に評価して資金の有効配分を行うための手法です。収益性と成長性，もしくは事業の競争能力と産業の魅力度をそれぞれ縦軸と横軸にとることで，企業における諸事業を相対的に評価し，チャートを用いて各事業の戦略的役割と全社的な資源配分のルールが明確になります。標準的なPPMは，縦軸は資金の流出入を決定づける年間の事業成長率をとり，その企業にとっての事業の魅力度を示す尺度にもなります。横軸は現金流入を決定する相対的市場占有率をとり，その事業の競争力を示す尺度にもなります。

(重要ポイント)

プロダクト・ポートフォリオ・マネジメントの標準的モデルを開発したのは，ボストン・コンサルティング・グループ（BCG）で，チャートの縦軸を成長性の指標として事業成長率（企業が競争している産業の成長率）とし，チャートの横軸を収益性の指標として相対的市場占有率（その産業における最大競争企業の市場占有率に対する自社占有率の比率）としています。このような縦軸と横軸をとったマトリクスを作り，ある製品やある事業が，4つの領域のどこに属するかによってその事業の現状を把握し，今後，それらの各事業にどのように資源配分をし，競争していけば良いかが明らかになります。

チャート内の4つの領域には，①花形製品，②金のなる木，③問題児，④負け犬といった名前が付けられています。これらの領域に属した製品や事業には，それぞれ異なる戦略が必要となります。

①花形製品に属する製品や事業は，市場占有率の維持ないし拡大が，必要不可欠です。

②金のなる木に属する製品や事業は，市場占有率の維持に必要な資金をはるかに上回る現金流入をもたらす存在で，その企業の

資金源となる存在です。

③問題児に属する製品や事業は，ほとんどの場合，現金流入量を
　はるかに上回る多額の投資資金（現金流出量）を必要とし，成
　長する市場で高い占有率を確保できるかがかなり不確実な状態
　です。したがって，この「問題児」に対する資源配分の決定
　が，経営戦略上，最も重要な課題となります。

④負け犬に属する製品や事業は，現金流入量が少なく，景気変動
　などの外的要因に影響を受けやすく，長期的には市場の成長や
　市場占有率の拡大が期待できない存在です。したがって，この
　「負け犬」に対しては，多額の資源配分を行うのは得策ではな
　く，早急に撤退を検討する必要があります。

　このように，プロダクト・ポートフォリオ・マトリクスを作成す
ることで，各製品や事業の基本的な特徴が視覚的に明確になり，経
営戦略上の課題や目標が明示できるようになります。

PPMチャート

関連項目➡　価値分析（p.123），価値連鎖概念（p.124），ライフ
　　　　　　サイクルコスティング（p.127），原価企画（p.128）

レバレッジ（leverage）

レバレッジ自体の意味は「てこの作用」ですが，経営財務論におけるレバレッジ（財務レバレッジ）とは，負債の利用度もしくは資本に占める負債の利用度を示すものです。財務レバレッジを測る比率の一つは，負債/自己資本で計算される負債比率とよばれるものがあります。また，負債を利用することによって株主資本のリスクとリターンがともに高まる効果を，財務レバレッジということもあります。

重要ポイント

財務レバレッジは自己資本利益率との関係で考えることができます。自己資本利益率は株主の視点から収益性を測る指標です。

自己資本利益率＝純利益/自己資本
　　　　　　　＝総資本利益率/自己資本比率

（ただし，総資本利益率＝純利益/総資本
　　　　　自己資本比率＝自己資本/総資本）

上記のように，自己資本利益率を変形するとわかるように，自己資本比率を下げることで自己資本利益率が上昇することになります。言い換えると，負債が多い企業では，自己資本利益率が高くなります。負債を増やすことで，自己資本は変化しない，総資本は増加します。そのため，自己資本比率が下がることとなり，自己資本利益率が高まります。

関連項目➡　流動負債（p.30），固定負債（p.32），株主資本（p.40）

執筆者一覧

野口　翔平（のぐち・しょうへい）　担当：第2章（財務会計編集）
日本大学経済学部助教

工藤　久嗣（くどう・ひさつぐ）　担当：第3章
元淑徳大学経営学部教授

中川　仁美（なかがわ・ひとみ）　担当：第4章
作新学院大学経営学部准教授

竹中　徹（たけなか・とおる）　担当：第5章
淑徳大学経営学部教授

大槻　晴海（おおつき・はるみ）　担当：第6章
明治大学経営学部准教授

菅森　聡（すがもり・さとし）　担当：第7章
沖縄国際大学産業情報学部専任講師

相川　奈美（あいかわ・なみ）　担当：第8章（管理会計編集）
名城大学経営学部准教授

麻場　勇佑（あさば・ゆうすけ）　担当：第9章
駿河台大学経済経営学部准教授

小川　華代（おがわ・かよ）　担当：第10章
日本大学大学院経済学研究科博士課程

沼　惠一（ぬま・けいいち）　担当：第11章
税理士

《編著者紹介》

村田直樹（むらた・なおき）　担当：第1章

　1953 年　東京都に生まれる
　1983 年　日本大学大学院経済学研究科博士後期課程満期退学
　1987 年　ロンドン大学歴史研究所研究員
　1995 年　長崎県立大学教授
　2003 年　博士（経済学）（九州大学）
　　　　　　淑徳大学教授を経て，
　現在，日本大学経済学部特任教授

（検印省略）

2021 年 5 月 20 日　初版発行　　　　　　略称─会計ハンド

会計学ハンドブック

編著者　村 田 直 樹
発行者　塚 田 尚 寛

発行所　東京都文京区　　　**株式会社 創 成 社**
　　　　春日 2 - 13 - 1

　　　　電　話 03（3868）3867　　F A X 03（5802）6802
　　　　出版部 03（3868）3857　　F A X 03（5802）6801
　　　　http://www.books-sosei.com　　振　替 00150-9-191261

定価はカバーに表示してあります。

©2021 Naoki Murata　　　　　　組版：スリーエス　印刷・製本：鵬
ISBN978-4-7944-1556-1 C3034
Printed in Japan　　　　　　　　落丁・乱丁本はお取り替えいたします。